国家社科基金重点项目——农民权益保障政策研究成果之一

上海开放大学学术专著出版基金资助

政府决策咨询机构功能塑造

张　凌　著

上海交通大学出版社
SHANGHAI JIAO TONG UNIVERSITY PRESS

内容提要

如何改善和优化决策模式，提升公共决策的科学性、合理性和有效性，是当下公共管理实践中必须面对和亟待解决的重要课题。本书基于结构功能主义理论，将规范研究与实证研究相结合，对决策咨询机构的相关概念、发展历史和功能发挥影响因素进行了阐述；同时通过调查研究，对决策咨询机构的现状、困境及问题的成因进行了实证考察，并提出相应的优化策略。

本书可作为公共管理专业师生的参考读物，也可作为政府部门有关人员培训的参考读物。

图书在版编目(CIP)数据

政府决策咨询机构功能塑造 / 张凌著. —上海：
上海交通大学出版社,2023.11
　ISBN 978‐7‐313‐29549‐1

　Ⅰ.①政…　Ⅱ.①张…　Ⅲ.①咨询机构—研究—中国
Ⅳ.①C932.82

中国国家版本馆 CIP 数据核字(2023)第 185835 号

政府决策咨询机构功能塑造
ZHENGFU JUECE ZIXUN JIGOU GONGNENG SUZAO

著　　者：张　凌
出版发行：上海交通大学出版社　　　　地　　址：上海市番禺路 951 号
邮政编码：200030　　　　　　　　　　电　　话：021‐64071208
印　　制：苏州市古得堡数码印刷有限公司　经　　销：全国新华书店
开　　本：710 mm×1000 mm　1/16　　印　　张：13.5
字　　数：199 千字
版　　次：2023 年 11 月第 1 版　　　　印　　次：2023 年 11 月第 1 次印刷
书　　号：ISBN 978‐7‐313‐29549‐1
定　　价：68.00 元

前 言
FOREWORD

　　随着国内外环境的变化，政府所需面对的国内外复杂的决策问题变得越来越多，以往的政府决策模式正在面临严峻挑战。原有的决策方法和决策手段在当今日益复杂化的社会问题及治理困境面前适用性也逐渐减弱。因此，用新的视角来看待政府决策相关问题，用新的策略来面对新时代下公共管理和社会治理的新要求已经成为公共治理的必然趋势。在此背景下，凸显决策咨询机构在公共决策过程中的重要地位成为学界研究的焦点之一，同时也受到政府的高度重视。如何不断加强决策咨询机构的功能塑造，对现有政府决策模式进行改善和优化，提升公共决策的科学性、合理性和有效性，是当下公共管理实践中必须面对和亟待解决的重要问题。

　　决策咨询机构的作用是什么？当前我国决策咨询机构发展处于怎样的状态？影响决策咨询机构功能塑造的主要因素是什么？造成决策咨询机构发展问题和困境的原因是什么，如何加以改进？分析和回应以上这些问题能够为理解公共决策及其过程提供新的视界，有助于正确认识当前我国决策咨询机构发展的现状与困境，并为相关政策的制定和实施提供理论依据。

　　关于决策咨询机构的功能塑造研究，国外在相关领域的研究成果相对丰富，包括决策咨询机构的分类、功能以及影响因素等方面的探讨。但是国外的相关研究多以英美等发达国家的决策咨询机构为对象，鲜有涉及发展中国家或者新兴经济体的思想库的研究，与此同时，由于中国具有独特的权力运行体制，中国特有的公共决策过程和方式赋予了决策咨询机构研究新的方向。国内现有的相关研究中，多数沿用国外相关理论分析我国决策咨询机构的问题,而没有从中国特殊的社会背景和权力结构出发,深入剖析决策咨询机构的地位和作用。进一步探讨和回应这些问题也正是本书的研究价值所在。

本书基于结构功能主义理论,将规范研究与实证研究相结合,开展定性分析的同时也注重定量分析论证。在定性分析方面,通过文献和理论梳理,对决策咨询机构的相关概念、发展历史和功能发挥影响因素进行了阐述;在定量研究方面,通过对来自我国东中西部13个省市的1 330个样本的调查统计,对决策咨询机构的现状、困境及问题的成因进行了实证考察。

本书的内容可以概括为"一绪论、六章节、一结论"共八个部分。

绪论部分为研究的缘起,阐明本研究的选题背景和研究意义,对国内外现有研究进行综合评述,并通过相关概念辨析和理论工具介绍构建本书的理论框架。

第一章为决策咨询机构功能塑造历史回顾。通过回顾政府决策咨询机构功能塑造的历史,发现我国决策咨询机构功能的发展路径和趋势。

第二章为中国决策咨询机构功能塑造现状。通过实证分析,从政治系统、经济系统、社会共同体系统和文化模式托管系统等四个维度探知我国决策咨询机构功能塑造的现状以及存在的问题。

第三章为造成问题的原因分析,基于结构方程模型方法研究影响政府决策咨询机构功能发挥的内外部因素,并将各因素的效应进行分解、排序。

第四章为决策咨询机构功能塑造中的影响因素分析,通过因子分析找出政府决策咨询机构功能塑造中存在的问题。透过问题对决策咨询机构功能塑造中的影响因素进行解析,以期发现制约决策咨询机构功能塑造的内外因素,为进一步优化决策咨询机构的各项功能提供理论和实证的研究基础。

第五章为发达国家决策咨询机构功能塑造经验借鉴,通过对国外政府决策咨询机构决策模式、筹款方式、运作模式等经验的借鉴,为我国政府决策咨询机构功能塑造提供启发。

第六章为决策咨询机构功能塑造优化研究。从适应、达鹄、整合和维模四个层面对政府决策咨询机构功能进行全面分析,设计优化方案。

本书的研究结论包括如下四个方面。

首先,结构功能主义的视角下,决策咨询机构的功能包括获取信息资源、实现咨询目标、协调组织运作以及保持结构稳定四个方面。

其次,当下我国决策咨询机构功能塑造中,政策咨询功能较弱、政策教育功能不足、政策评估功能虚化和人才聚集功能缺失等四类问题并存。这些问题直接导致大量决策咨询机构并未发挥应有的功能。

再次,决策咨询机构功能塑造面临的现实问题与困境是多重因素影响导致的。根据结构方程模型的分析情况来看,制约决策咨询机构功能发挥的主要因素是包括制度土壤、政策环境等在内的外部因素。

最后,政府应积极制定相关政策,为决策咨询机构功能塑造的改善和优化提供制度保障和政策环境。

本书的主要创新如下。首先,是研究视角的创新,以决策咨询机构的功能塑造为切入点,以结构功能主义为主要理论基础,重点剖析决策咨询机构功能的形成过程和作用机制,以求把握和优化决策咨询机构的发展。其次,是研究内容的创新,以对决策咨询机构的功能塑造为核心,定义作为思想研究基地的主要作用和基本范畴,深入剖析决策咨询机构所具有的功能,并在此基础上,探讨当前影响政府决策咨询机构发挥其自身功能的真正原因,最终为优化决策咨询机构的功能构成和不断塑造提供建议。最后,是研究方法的创新,利用量化分析的研究方法对政府决策咨询机构功能塑造中的影响因素进行全面的分析,以期探索决策咨询机构研究的新思路和新方法。

目 录
CONTENTS

绪 论

一、研究的缘起

决策咨询在中国古代就扮演相当重要的角色,无论是春秋战国时期的求贤纳谏以治国安邦,秦朝御史制度和谏议制度的设立,明朝进贤纳谏体系的建立还是清朝幕府制度的产生,无不体现了封建制度中的古代君王对智囊的需求和渴望。虽然由于科技的不发达导致当时所谓的决策咨询与现代意义的决策咨询不能同日而语,但不难看出决策咨询在当时的封建王朝决策中仍然起到了一定的作用。

(一)研究背景

近年来随着全球一体化的进程不断推进,科技迅猛发展,我国改革开放步伐不断加速,经济体制也逐步偏重以市场为导向。在这样的大环境下,地方党委和政府面临的公共治理问题也不再像过去那样重复和单一,新的决策难题带来了更多考验和挑战,致使在当代公共治理过程中做出错误的决策往往会造成不可弥补的后果。因此,科学决策是保证政府决策质量的重要因素,是提升党执政能力的重要工具,也是强化执政法治化的重要依据。政府决策是一项复杂且规模巨大的工程,其中不但要求跨领域和跨行业的合作,还需要大量的知识和技术储备做保障。当然科学决策的要求不断提高,使得政府决策的影响力和重要性也不断提升。在这样的新形势下,曾经仅仅依靠"凭经验"和"拍脑袋"就能解决问题的决策思路和方法已经无法适应目前的经济社会发展的形势。另外,在国家号召全面建成小康社会的背景下,如何充分运用专家学者的智慧,发挥他们的智囊作用,通过专家咨询活动提升政府决策咨询的质量,帮助政府决策向科学化和合理化的方向发展就显得更为重要。

因此,近年来,我国对政府决策咨询机构在新形势下的功能和定位更加重视。"在 2012 年 11 月党的十八大报告指出:坚持科学决策、民主决策、依法决策,健全决策机制和程序,发挥思想库作用,建立健全决策问责和纠错制度。"①随后,"在 2013 年 11 月的十八届三中全会中,《中共中央关于全面深化改革若干重大问题的决定》提出了:加强中国特色新型智库建设,建立健全决策咨询制度。"②"表明加强中国特色新型智库建设已经成为推进我国治理体系和治理能力现代化的组成部分。2014 年 3 月,习近平总书记在访问德国时,强调在中德两国成为全方位战略伙伴关系中,加大政府、政党、议会和决策咨询机构交往。把决策咨询机构建设提上了国家外交层面,将决策咨询机构打造成为我国国际交流的第二轨道。"③"2014 年 7 月,习近平主持召开经济形势专家座谈会,在讲话中他说经济形势专家座谈会是落实十八大和十八届三中全会要求加强中国特色新型决策咨询机构建设,建立健全决策咨询制度这个决策部署的重要体现,希望广大专家学者不断拿出有真知灼见的成果,为中央科学决策建言献策。"④"2014 年 10 月,中共中央全面深化改革领导小组第六次会议审议了《关于加强中国特色新型智库建设的意见》。"⑤习近平并明确指出"要从推动科学决策、民主决策,推进国家治理体系和治理能力现代化、增强国家软实力的战略高度,把中国特色新型决策咨询机构建设作为一项重大而紧迫的任务切实抓好。"⑥

在这一背景下,各类决策咨询机构应运而生,"宾夕法尼亚大学发布的《2013 全球决策咨询机构报告》显示,中国决策咨询机构数量已位居全球第二。"⑦虽然就目前中国政府决策的实际情况来说,因为大部分地区已经将政府决策咨询机构作为政府决策的重要一环,所以绝对意义上由于决策者

① 涂端午,魏巍.什么是好的教育政策[J].教育研究,2014(1):47-59.
② 张志强.中国特色新型智库需要建设特色核心能力[J].邓小平研究,2019(1):4.
③ 刘大可.党校行政学院智库建设的现状与对策[J].中共福建省委党校学报,2015(6):46-57.
④ 许寿椿.从王竹溪《新部首大字典》说起:关于新型决策咨询机构建设的几点想法[J].汉字文化,2015(5):37-38.
⑤ 郭林涛,王丽,刘国军.智库谋远[J].决策探索,2016(3):2.
⑥ 苗树彬.努力建设高端社会决策咨询机构[J].中国党政干部论坛,2015(1):21-24.
⑦ 李国强.对"加强中国特色新型决策咨询机构建设"的认识和探索[J].中国行政管理,2014(5):16-19.

"拍脑袋"直接造成的决策失误情况已经较为少见,但是政府决策失误的情况还是时有发生。究其根本原因,还是在于政府决策咨询机构功能发挥不足所致。

当代中国政府在政治、经济、社会和文化建设领域面临的挑战更为严峻,决策者对决策咨询的需求也更高。正是由于政府决策咨询机构在我国越发受到关注和重视,使得决策者越发愿意运用决策咨询机构的智囊作用来找出和解决政府决策中出现的问题。通过决策咨询机构解决问题的实际效果,归纳和总结政府决策咨询机构功能发挥不健全的核心因素,为塑造功能健全的政府决策咨询机构提供基础。

（二）研究意义

追溯政府决策咨询机构的历史,多数观点认为现代决策咨询机构起源于 20 世纪初,起源地在美国。随后经过长达百年的不断优化和发展,美国人民对决策咨询机构也有了根深蒂固的认识,其在人民的心目中不再是可有可无的位置,而是被看作与立法、行政和司法并列的又一部门或者是除三权分立以外的"第四种权利"。分布范围广泛是美国决策咨询机构发展的一大特点,除了在美国首都华盛顿特区集中了一批国家级别的政府决策咨询机构外,在美国全境五十个州都分布了一定数量和规模的决策咨询机构,而著名的费城富兰克林研究所就坐落在美国的宾夕法尼亚州,它可以被看作世界最早出现的具备现代先进思想库属性的机构。

我们国家在政策咨询上也有着相当悠久的历史,早在春秋战国时期就已经出现了我国早期决策咨询机构的影子。而真正意义上现代决策咨询机构的出现则应该追溯到"五四运动"前后,当时全国出现了马克思主义研究会和共产主义小组,通过学习当时先进的理论知识进行政策讨论,这些学习组织也可以被看作现代意义上我国较早出现的决策咨询机构。

从国内外决策咨询机构的起源和最初发展的对比可以看出,思想库很早就在我们国家起步并逐步发展,早在春秋时期已经出现了类似现代决策咨询机构的古代思想库。但是到了 20 世纪,在欧美发达国家决策咨询全面发展时期,我国的决策咨询从服务的对象到分布的范围却仍然较为单一,体制内决策咨询机构和体制外决策咨询机构发展规模严重失衡。而此时的欧美发达国家的决策咨询理念已经深入政府治理的方方面面并且逐步向多元化发展，无论是军事、政治、经济还是文化都可以看到决策咨询的影子。究其原因还是在于我国决策咨询机构功能在最初设计时就不够完善，服务的对象和存在的目的都缺乏多样性。随着时间的推移，到了欧美发达国家决策咨询机构发展逐渐成熟，伴随国情的变化不断重塑和完善决策咨询自身功能的时候，我国的决策咨询机构发展却依然停滞不前，开始逐步拉大与发达国家之间的距离。因此，对于我国政府决策咨询机构功能塑造的研究不但有利于提升我国的行政决策的水平，对于当下中国的公共管理理论与实践的发展也具有重要的意义。

1. 理论意义

关于政府决策咨询的研究是当前学界研究的新问题和新热点，从国内外的研究现状来看，学者们通过决策咨询的机制研究、体制研究、模式研究、法律制度研究以及选取某一政府机构开展的实证研究等多方面构建了决策咨询这一研究课题的理论框架，拓展了公共管理学科的领域和知识范畴。但是，目前的理论研究大多情况仍然将研究对象集中于政府这一行为主体，探析政府在决策咨询中的地位以及做好决策咨询工作的方式方法，对决策咨询提供的核心对象——决策咨询机构本身的研究还远远不够，特别是围绕咨询机构的功能塑造方面进行研究的，目前还是理论研究中的一大空白。而对于决策咨询机构的功能进行准确定位和优化往往是决定决策最终是否成功的关键因素。因此，本书将运用文献研究法、实证分析法、定量研究法、历史分析法以及比较分析法等多种研究方法，对政府决策咨询机构功能塑造进行全面且深入地研究，以期能够丰富政府决策咨询的研究内涵。

2. 实践意义

伴随着社会结构不断变化，利益格局也逐渐从单一化向多元化发展的环境下，政府在应对日益繁杂的社会事务时面临的压力也越来越大。同时，由于各种不确定性因素的不断增多，事件的突发性以及在信息化新媒体时代事件扩散的迅速性，都要求政府在处理问题时必须具备准确的判断能力和果断处理问题的能力，这些都无形中提高了公共治理的困难指数，同时对政府面对决策难题所应当具备的综合实力提出了更高的要求。多年来，我国决策咨询机构的发展中吸引了许多不同行业和领域专家学者加入，他们将自己在各自研究领域中积累的知识转化为政府决策所需要的建议和方案，在政府治理的决策过程中发挥着关键的智囊作用。决策咨询机构可以说已经逐渐成为政府处理一系列治理难题过程中的重要帮手和得力伙伴。本书将重点关注我国政府决策咨询机构在功能塑造上的研究，通过对我国政府决策咨询机构建设发展的真实现状和处理相关问题的能力研究，挖掘和分析阻碍我国思想库功能发挥的主要原因及影响因素，通过理论研究和量化分析相结合的研究方式，找出这些因素对决策咨询机构功能发挥的影响程度。最后运用研究成果完善和重塑我国政府决策咨询机构的功能，为实现国家各级政府决策科学化、标准化和有序化的目标提供保障。

二、国内外研究文献述评

现代决策咨询机构发展历史其实并不长，直到 20 世纪 70 年代专家学者才真正开始对决策咨询机构的自身发展规律展开研究。最早对决策咨询机构的研究主要停留在一些初步和表面的研究工作上。在 20 世纪 90 年代末，才陆续有来自欧美发达国家的专家学者在决策咨询机构的研究中运用量化研究和实证研究的范式。换句话说真正对决策咨询机构进行实证性、系统性和规范性的研究时间其实很短。从决策咨询机构总体发展水平来看，目前的研究工作仍然处于较为初级的阶段，许多方面仍然做得不够充分，距离形成系统的决策咨询机构研究体系仍然还有很长的路要走。而对于决策咨询机构功能塑造的研究，从目前的情况来看还属于真空阶段。

（一）国外研究文献论析

当今世界对于"行政决策"这个词的理解大多数外国专家学者主要以西蒙（Simon）的决策理论作为研究的理论基础。如 Simon（1988）认为，"一切行为都包含着对特殊的行动方案的选择，这些特殊的行动方案是从活动者及他能影响、指使的那些人的一切具体可行的方案当中选择出来的。"[①]这一观点可以被更直观地理解为决策的本质就是要从众多可供选择的可行性

---

① Herbert A Simon.管理行为[M].4 版.杨烁,等,译.北京：北京经济学院出版社,1988.

方案里挑出最令自己满意的那个。而学者 Robins(2003)认为,"决策是对问题所做出的反应,由于问题的目前状态与期望状态之间存在一定的差距所以要求决策者多考虑几种不同的方案。"[①]学者 Rich(2010)发表的《决策咨询机构公共政策与专家治策的政治学》中明确指出,"决策咨询机构就是独立的、无利益诉求的非营利性组织,并以专业知识和思想作为产品来获取支持并影响政策制定的过程。"[②]他更注重对决策咨询机构的成员组成、机构规模、研究领域和经费支持进行分析,找出这些元素之间潜在的某些内在联系。此外他也相当关注对决策咨询机构的政策影响力进行研究并分析专家在政策制定中的扮演的角色。学者 Abelson(2010)出版的著作《智库能发挥作用吗?——公共政策研究机构影响力评估》中通过对比加拿大和美国智库的运作模式,剖析了两国决策咨询机构是如何运用不同的方式影响公共政策的。[③] 学者 Dickerson 在 1971 年发表了名为《思想库》的著作,在书中介绍了美国决策咨询机构的现状,他认为决策咨询机构较一般的政策研究机构应该更为独立,并且善于运用自身跨学科的优势为政策问题提供答疑解惑。

1. 决策咨询机构的基本概念

决策咨询机构是当代政府治理过程中的重要部分。决策咨询机构在美国具有相当高的地位,被称为继立法、行政、司法之后的"第四部门",还有人称其为第四种权力、思想推手和影子政府等。美国的政府智囊地位之所以如此之高,主要由于其具备以下四个特点,首先咨询活动更加注重实用性,开展研究是真正为了决策服务。其次,决策咨询机构重视人才培养,为政府提供决策意见的同时,也通过旋转门机制为其储备了众多具备公共治理潜质的优秀人才;再次是由于决策咨询本身具有的独立性,所以咨询的成果往往具备一定的中立性、客观性和公正性。最后是由于决策咨询具有一定的教育普及作用,能够将政策理念通过一些学术活动的形式传播给普罗大众。

---

① Stephen P Robins.组织行为学[M].10 版.孙健敏,等译.北京:中国人民大学出版社,2005.
② Andrew Rich.决策咨询机构公共政策与专家治策的政治学[M].潘羽辉,译.上海:上海社会科学院出版社,2010.
③ Donalde E Abelson.智库能发挥作用吗?:公共政策研究机构影响之力评估[M].扈喜林,译.上海:上海社会科学院出版社,2010.

决策咨询机构原则上是不以营利为目的的,我国的决策咨询机构经费主要来自政府支持,而欧美发达国家主要的经费来源渠道更具多元性。欧美决策咨询机构获得的经费支持既有来自政府的支持,也有依靠为政府或者企业提供有偿思想产品而获得的资金,还有一些经费是通过社会捐赠获得的经费。

学术上大多把决策咨询机构理解为一种具有特殊功能定位并在政府重大决策中扮演关键角色的重要力量。"它又被称为'思想工厂'(think factory)、'外脑'(out side brain)、'脑库'(brain tank)、'智囊团'(brain trust)、'咨询公司'(consultant corporation)或'情报研究中心'(intelligence research center)。"[①]维基百科则把决策咨询机构定义为"一个对政治、商业或军事等政策进行调查、分析及研究的机构,通常独立于政府或政党、不少与军事、实验室、商业机构或大学等有联系,部分以'研究所'作为名称"。[②] 学者Dickson(1971)认为:"思想库是一种稳定的相对独立的政策研究机构。其研究人员运用科学的研究方法对广泛的政策问题进行跨学科的研究,在政府、企业及大众密切相关的政策问题上提出咨询。"[③]学者 Abelson(2002)认为大多数的决策咨询机构都应当被看作一个将公共政策研究作为其主要服务对象和内容的非营利性组织。其身份应当不偏向于任何党派或任何组织,具备较强的中立性。此外,他还认为由于服务的对象和环境不同,每个决策咨询机构都应当拥有不同的特点、规模或运行模式,完全意义上统一模式的决策咨询机构是不存在的。从决策咨询机构的规模来看,其既可以仅仅依靠两至三人就组成一个实体,也可以是一家拥有几百员工和专家人才的大型机构。另外,从运行成本角度来分析,不同决策咨询机构之间的预算开支也有着较大的差距。学者 McGann(1995)则认为:"世界各国的领导人都需要决策咨询机构为其提供独立分析,帮助确定政策议程,构筑知识与行

---

① 张春.美国思想库与一个中国政策[M].上海:上海人民出版社,2007.
② 徐晓虎.地方智库的构成要素和竞争力研究:以江苏省淮安市为例[D].南京:南京航空航天大学,2014:7.
③ Paul Dickson. Think Tanks[M]. New Yorks:Atheneum, 1971.

动之间的桥梁。"①

美国兰德公司创始人之一弗兰克·科尔博莫曾说过,"决策咨询机构就是一个'思想工厂',一个没有学生的大学,一个有着明确目标和坚定追求,却同时无拘无束、异想天开的'头脑风暴'中心,也是个敢于超越一切现有智慧、敢于挑战和蔑视现有权威的'战略思想中心'。"②布鲁金斯学会董事局主席约翰·桑顿认为,"一个顶级智库,关键在于它一直坚守三个核心价值:质量、独立性和影响力。"③质量的高低取决于决策咨询机构专家学者的研究能力。独立性不但指决策咨询机构本身的独立,还应当包括决策咨询研究人员研究思想的独立。而影响力则是决策咨询机构的研究成果能否最终为民众所接受并且在日后的公共决策中不断被运用的关键。

2. **决策咨询机构的基本分类**

在决策咨询机构的分类方式上,国外专家学者有着不同的分类观点,其中最具代表性的分类有以下几种。

大多国外学者以职能性质为分类标准,代表人物为 R. Kent Weaver (1989),他认为"思想库可以分为三类,一是研究为主的学术型思想库,又称'没有学生的大学';二是以签订合约接受委托的合同委托型思想库;三是以影响政策为主要目标的政策鼓吹型思想库"。④ 持类似观点的还有 Weiss (1990),他也认为思想库的分类应该是"以研究为导向的机构;以接受合同(委托)研究为主的研究机构又称之为'政府合同的研究组织'和倡导型思想库"。⑤ 而 James G. McGann(1995)则也将思想库分为四大类:"学术型(布鲁金斯学会和美国国际经济研究所)、合同型(兰德公司和城市研究所)、倡导型(美国政策研究中心)、政党型(德国阿登纳基金会)。"⑥以 Andrew Rich

① James G Mc Gann. The Competition for Dollars, Scholars and Influence in the Public Policy Research Industry[M]. New York: University Press of American, 1995.
② 王春法.关于好智库的 12 条标准[J].智库理论与实践,2007(1): 2-7.
③ 专访记者.智库的核心价值是什么[J].决策与信息,2009(8): 50-52.
④ R. Kent Weaver.The Changing World of Think Tanks[J]. Political Science and Politics. 1989,9(9): 564-568.
⑤ Carol H Weiss. Organizations for Policy Analysis-Helping Government Think[C]. London: Sage Publications,1990: 1-20.
⑥ McGann J G. The competition for dollars, scholars and influence in the public policy research industry [M]. Maryland: University Press of America, Inc, 1995.

(2004)为代表的国外学者则根据服务类型,"将思想库分为全方位服务型、多种问题型、单一问题型和外交政策型"。① 除此之外,还有其他一些分类,如 Nelson W. Polsby(1983),"将思想库分为学术型和非学术型"。② 另外还有将决策咨询机构分为"学术研究型、政府合同型、国内事务型和政策推销型"③的观点。

根据决策咨询机构的政治观点和政治主张区分,可以将其分为以兰德公司为主的保守主义和以布鲁金斯学会为主的自由主义。也有直接将决策咨询机构分为左派、右派和中间派几个类别的。另外,还有根据决策咨询机构的党派背景分类的,如现代决策咨询机构发展最早的美国按照不同的党派背景可分为以胡佛研究所、企业研究所和传统基金会为代表的"共和党决策咨询机构"、以布鲁金斯学会和进步政策研究所为代表的"民主党决策咨询机构"。欧洲的亚当·斯密研究所被看作保守党的智囊团,而政策研究所则被多数人视作工党的思想库。

3. 决策咨询机构功能综述

国外学者对决策咨询机构功能的研究相当丰富。学者 Tupper(1993)认为:"政府决策咨询机构的一项重要功能就是进行独立的、跨学科的政策研究。"④学者 Pautz(2010)认为:"欧洲的决策咨询机构具备为政党专向提供政策知识和政策建议的功能。"⑤学者 Ahmad(2008)认为:"美国决策咨询机构的主要功能是产生政策相关的知识,为政治和商业精英以及公众提供信息。"⑥学者 Mcgann(2009)认为:"政策研究和政策建议传播这两大功能在政府决策中正发挥越来越重要的作用。"⑦学者 James McGann 和

① Rich A. Think tanks, public policy, and the politics of expertise [M]. New York: Cambridge University Press, 2004.
② Polsby Nelson W. Tanks but no tanks [J]. Public opinion, 1983(6): 58 - 59.
③ 陈光猛.美国思想库的发展和演变[J].贵州师范大学学报,2006(1): 48 - 50.
④ Allan Tupper. Think tanks, public debt, and the politics of expertise in Canada [J]. Canadian public administration. 1993, 36(4): 530 - 546.
⑤ Hartwig Pautz. Think Tanks in the United Kingdom and Germany: Actors in the modernisation of Social Democracy [J]. The British journal of politics and international relations. 2010, 12(2): 274 - 294.
⑥ Mahmood Ahmad. US Think Tanks and the politics of expertise: role, value and impact[J]. The Political Quarterly, 2008, 79(4): 529 - 555.
⑦ JG Mcgann. Think Tanks and policy advice in the US: academics, advisors and advocates[J]. Public Administration, 2009, 97(1): 142 - 157.

Johnson(2005)认为："决策咨询机构具有'桥梁'功能,是政策制定者与学术界沟通交流的重要纽带。"①学者 Peter Wells 认为："决策咨询机构具有为地方治理提供政策建议的功能。"②学者 Shambaugh(2002)认为："决策咨询机构在中国外交政策的制定和情报分析方面发挥着越来越重要的作用。"③学者 Donald E. Abelson(2014)认为："决策咨询机构不但具有帮助国会和政策执行者进行政策研究的功能,还具有为政策制定者论证和完善政策建议的功能。"④

4. 决策咨询机构影响因素综述

学者 Abelson 和 Carberry(1998)认为："体制因素、文化因素和经济因素是决定决策咨询机构能否在政府决策过程中发挥作用的主要因素。"⑤其中,体制因素包括政府的环境、结构和政党的影响,文化因素主要指政策企业家因素,而经济因素主要指税法和支持决策咨询机构活动的基金会所造成的影响。James(1993)认为："思想库员工和专家的职业懈怠是影响政府决策咨询机构功能发挥的重要因素之一。"⑥Xuefeng Zhu 和 Lan Xue (2007)认为："决策咨询机构不同的组织结构体现了不同的政府背景,不同政府背景的决策咨询机构又通过不同的渠道影响着政府决策,因此决策咨询机构的组织结构是影响决策咨询机构功能发挥的重要因素之一。"⑦John Mclevey(2014)认为："资金问题是影响决策咨询机构知识生产的重要影

---

① McGann J G, E K Johnson. Comparative Think Tanks, Politics and Public Policy [M]. Edward Elgar Publishing, 2005: 12.
② Peter wells, prescriptions for regional economic dilemmas: understanding the role of think Tanks in the governance of regional policy [J]. Public Administration, 2012, 90(1): 211-229.
③ David Shambaugh. China's international relations Think Tanks: Evolving Structure and Process [J]. The China Quarterly. 2002, 171: 575-596.
④ Donald E Abelson. Old world, new world: the evolution and influence of foreign affairs think-tanks [J]. International Affairs. 2014, 90(1): 125-142.
⑤ Donald E Abelson, Christine M. Carberry. Following Suit or Falling behind? A comparative Analysis of Think Tanks in Canada and the United States[J]. Canadian Journal of Political Science. 1998, 9(9): 525-555.
⑥ Simon James. The idea brokers: the impact of think tanks on British government [J]. Public Administration. 1993, 71(4): 491-506.
⑦ Zhu Xuefeng, Xue Lan. Think Tank in transitional China [J]. Public Administration and Development. 2007, 27(5): 452-464.

响因素之一。"①Paul't Hart(2008)认为："决策咨询机构的成功与失败取决于三个因素：首先是决策咨询机构员工的研究能力，其次是决策咨询机构向大众解释政策争议的能力，最后是公众对高质量政策知识的尊重程度。"②

5. 政府决策咨询机构的理论研究综述

Rich、Stone、Mc Gann、Abelson 等著名学者在政府决策咨询机构理论研究方面都曾有过巨大贡献。历史上社会学和政治学理论曾是西方发达国家在思想库研究上的主流研究理论工具，"其中政治学理论大致经历了早期的利益集团政治理论、多元主义理论、精英主义理论以及后多元主义理论等阶段。"③"而社会学理论则包括了组织生态学理论、制度学派理论和社会资本理论等。"④"Dal 和 Truman 等人发展出来的多元理论认为，政府的政策是社会中为数众多的利益集团之间斗争的产物，政府的决策是政府权衡各种利益集团的利益和要求的结果。"⑤

"平行于多元理论的精英理论将政治结构解释为一种由个别具有一定目标的组织和个人主导下进行运作的机制，或者说政策是由少数和权势的社会精英决定的。"⑥Dye(2002)"将权力精英逐步扩大到新闻制造者、大律师、基金会组织负责人、决策咨询机构以及美国名牌高校的校董"。⑦ 学者Mills(2005)指出，"美国的权力精英主要由政治精英即美国政府中少数身处高位者、经济精英即美国几百家最大的公司首脑和军事精英即军方最高级领导人三部分人组成的。"⑧精英理论认为"公共政策的内容及制定由精

①　John Mclevey. Think Tanks, Funding, and the politics of policy knowledge in Canada [J]. Canadian Review of Sociology. 2014, 51(1): 54 - 75.

②　Paul't Hart. A New Era for Think Tanks in Public Policy? International Trends, Australian Realities [J]. Research and Evaluation. 2008, 67(2): 135 - 148.

③　钟明春.利益集团理论研究进展与回顾[J].长春理工大学学报,2012(12): 76 - 78.

④　郝斌.非营利组织的理论探索：在台湾寻找世界：评《非营利部门：组织与运作》[J].中国第三部门研究,2012(2): 13 - 17.

⑤　徐晓虎.地方智库的构成要素和竞争力研究：以江苏省淮安市为例[D].南京：南京航空航天大学,2014: 7.

⑥　白侯军,我国政府决策咨询机构生产政策思想的过程研究[D].武汉：华中师范大学,2013: 25.

⑦　托马斯·戴伊.理解公共政策[M].北京：华夏出版社,2002.

⑧　米尔斯.权力精英[M].南京：南京大学出版社,2005.

英主导,智库的参与和竞争应当被限制在社会精英之中。"①学者 Domhoff 更是认为社会精英之间其实存在着一种亲密纽带关系,这种纽带关系的紧密程度甚至高过一些正式的书面报告,而精英社会正是依靠这种纽带的交流来影响政府决策的过程。

政策过程理论表明,"政策过程可拆分为政策循环的各个阶段,如可分为议程设定、目标与计划的形成与合法化、计划执行、对执行和表现影响的评估、对政策和计划未来的决定。"②其中任意一个阶段都可以依靠决策咨询机构的力量协助完成。另外,"多源流模型更多聚焦于议程设定阶段,其观点认为政策变迁是由三个源流——问题源、政策源和政治源决定的。决策咨询机构主要参与的是政策议程设定阶段中的政策源。"③

国家理论所持的主要观点是,"虽然国家的政策受到行政官僚和参选官员行为的影响,但国家保持着一定程度的自主性,并根据自己的逻辑运行着。它认为,国家本身就是一个重要的政策参与者,决策咨询机构的努力不一定能成为最终的政策产出,相反,国家意志还能影响决策咨询机构及其他政策参与者的行为。"④

学术共同体和政策共同体等可被视为具有代表性的社会关系网络理论,其观点是,"决策咨询机构网络在决策咨询机构实现政策影响力的过程中发挥重要作用。"⑤决策咨询机构及其专家是无法独立存在于社会网络之外的,政府和媒体都是社会网络的组成部门,只有网络成员协同共进才能真正帮助决策咨询机构体现自身价值,发挥最大作用。而社会关系网络间的紧密联系也使得网络所积累的社会资源越发雄厚,"结合社会资本理论观点,社会资本是在社会关系网络中有望获得回报的资本。"⑥而社会资本的不断积累也可以帮助智库更有效发挥其功能,兑现自身价值。

---

① 徐增文.西方智库的主要理论及其对中国的启示[J].社科纵横,2018(11):58-61.
② 萨巴蒂尔.政策过程理论[M].上海:三联书店,2004.
③ 房宁.美国政治决策过程分析[J].战略与管理,1994(6):84-87.
④ 曼瑟尔·奥尔森.集体行动的逻辑[M].上海:上海人民出版社,1995.
⑤ 陆铭,李爽.社会资本、非正式制度和经济发展[J].管理世界,2008(9):161-165.
⑥ 周红云.社会资本:布迪厄,科尔曼和帕特南的比较[J].经济社会体制比较,2003(4):46-53.

总结国外专家学者的观点,西方对决策咨询的研究更多围绕其本身展开,分类较为清晰,在经济、政治和军事上的功能定位也十分明确,影响决策咨询机构功能发挥的因素主要还是集中于体制因素、文化因素和经济因素。此外,理论研究依然围绕政治学理论、社会学理论和知识运用理论展开分析。

(二) 国内研究文献检视

1. 决策咨询机构的概念综述

对于决策咨询机构的概念,国内学者从不同的角度和层次都做了解读。王莉丽(2011)认为,"思想库是以政策研究为己任、以影响公共政策和舆论为目的的研究机构。"①学者任晓(2000)则指出,"在西方国家,思想库是继立法、行政、司法、媒体之后的第五种权力。美国思想库有四种主要功能:一是生产政策思想;二是提供政策方案;三是储备和提供人才;四是教育公职人员和公众。美国思想库的主要运作机制包括:刊行出版物、召开研讨会、与媒体建立联系、做国会的工作。思想库研究涉及政治学(尤其是国际政治、国际关系、外交学等)、行政管理、公共管理、社会组织学、科技管理、组织管理、知识管理、软科学等多个学科。"②

"陈卓武等人(2007)认为,决策咨询机构主要是指以政策研究为核心、以影响政府公共政策选择为目的、非营利的、独立的研究机构。"③许共诚(2010)认为,"决策咨询机构是指由各方面领域专家学者和研究人员共同组成的研究咨询机构,其主要任务就是为决策者在面对政治、经济和社会等疑难问题时出谋划策,提供最优的解决策略。"④学者潘忠岐(2010)在对欧洲的决策咨询机构的发展进行研究时指出,"决策咨询机构又称'思想库',是指研究、分析和参与公共政策的智囊机构。"⑤

2. 决策咨询机构的分类综述

在决策咨询机构的分类标准上,国内学者更多地聚焦于机构性质或

---

① 王莉丽.美国决策咨询机构的"旋转门"机制[J].国际问题研究,2010(2):13-17.
② 任晓.第五种权力——美国思想库的成长、功能及运作机制[J].现代国际关系,2000(7):18-22.
③ 陈卓武等.试析美国思想库的运行机制[J].华南农业大学学报,2007(1):54-58.
④ 徐boy虎.地方智库的构成要素和竞争力研究——以江苏省淮安市为例[D].南京:南京航空航天大学,2014:7.
⑤ 潘忠岐.欧洲决策咨询机构的最新发展及其对华研究[J].现代国际关系,2010(10):8-20.

者隶属关系,例如:丁煌(1997)"把决策咨询机构分为四类,即官方决策咨询机构、半官方决策咨询机构、民间决策咨询机构、高校决策咨询机构。"[①]袁鹏和傅梦(2003)通过区分隶属关系,"将决策咨询机构分为独立的民间研究机构、依附于政府的机构、依附于大学的研究机构和党派隶属的研究所。"[②]

此外,汪廷炯(1997)以课题研究的专业性对决策咨询机构进行分类,划分为四种类型,"合同制研究机构、单一课题研究机构、大学研究机构和倡导式思想库。"[③]王晓民(2001)等学者根据组织形式将决策咨询机构分为两种,"以兰德公司为代表的公司类研究机构和以传统基金会为代表的社团类研究机构。"[④]贠杰(2001)则"按照行政色彩将政策研究组织分为行政型政策研究组织、半行政型政策研究组织和学术型政策研究组织三类"。[⑤] 国内媒体在对决策咨询机构进行相关的新闻报道时,通常将其划分为五种不同类型,分别是党校、高等院校、社会科学院、党委政府的政策研究室和一些学术团体和机构。这种提法被媒体广泛使用,因相对通俗而被大众所熟知,但从专业角度来看,其实这五类决策咨询机构间有许多交错和重复的领域,缺乏较为清晰的界限,因此该种分类方式会使得一些决策咨询机构无法对应归类。

本研究综合以上学者对决策咨询机构的定义与分类,将其主要分为官方性质、半官方性质、高校性质和民间性质四种基本类别进行研究。其中,官方决策咨询机构一直稳步发展,主要由各级党政研究室、党校、社会科学院和社科联等机构组成。半官方决策咨询机构同时具备官方机构的资源平台优势和民间组织的灵活身份,在国内外的影响力逐步提升。而高校决策咨询机构起步较晚,进入21世纪后实现迅猛发展,其优势主要在于人才聚集、知识结构和社会地位等方面,高校决策咨询机构中以北京大学国家发展

---

① 丁煌.美国的思想库及其在政府决策中的作用[J].国际技术经济研究学报,1997(3):31-37.

② 袁鹏,傅梦孜.美国思想库及其对华倾向[M].北京:时事出版社,2003.

③ 汪廷炯.论思想库[J].中国软科学,1997(2):24-28.

④ 王晓民,蔡晨风.美国研究机构及其取得成功的原因[J].北京大学学报(哲学社会科学版),2001(1):87-95.

⑤ 贠杰.中国公共政策研究的现状分析[J].政治学研究,2001(1):26-34.

研究院以及清华大学国情研究院为代表的一批高校决策咨询机构在中国智库格局中占有一席之地,并且在政策制定和评估中发挥着不可替代的重要作用。20世纪80年代后,部分知识分子从党政机关或高校下海,创办了中国最早的一批民间决策咨询机构。后来在我国经济不断的发展和推动下,体制外的思想库又迎来了一个新的发展高峰,一大批民间智库相继涌现,在各自领域发挥着一定作用。

3. 决策咨询机构功能综述

决策咨询机构概念起源于西方,在其传入中国之后,国内学者对西方发达国家决策咨询机构的功能进行了介绍和分析。王军、李双进(2003)分析认为,"英国思想库的主要功能为政策建议功能、宣传功能、沟通功能和政策研究功能"。[①] 张新霞(2009)则对英国思想库的功能分为六大功能,分别是"早期预警功能、政策建议提供功能、政策宣传功能、政策研究功能、沟通功能和提供资金渠道的功能"。[②] 戴慧(2014)认为英国决策咨询机构的功能可分为"政策分析及背景提供功能、提供政策建议功能、政策解读功能、提升公众信心功能、政策预警功能、政策问题解决功能和国际经验借鉴功能"。[③]

任晓(2000)认为:"美国思想库的功能主要分为生产政策思想功能、提供政策方案功能、储备和提供人才功能以及教育公职人员和公众功能。"[④] 巩艳芳(2006)则认为:"美国思想库功能主要分为三类,生产政策思想功能、教育功能和培养和储备人才功能。"[⑤]

邓林(2015)认为:"法国思想库的功能可分为提供政策建议和解决方案功能、政策宣传功能、沟通功能、早期预警功能和教育功能。"[⑥] 王佩亨、李国强(2013)则认为:"法国决策咨询机构的主要功能可分为影响公共政策制定

① 王军,李双进.英国的思想库及其政治功能[J].当代世界社会主义问题,2003(1):88-96.
② 张新霞.英国思想库在公共政策形成过程中的作用[J].石家庄学院学报,2009(1):11-14.
③ 戴慧.英国决策咨询机构考察报告[J].中国发展观察,2014(1):34-38.
④ 任晓.第五种权力——美国思想库的成长、功能及运作机制[J].现代国际关系,2000(7):18-22.
⑤ 巩艳芳,巩艳梅.美国思想库及其影响[J].广西社会科学,2006(12):155-158.
⑥ 邓林.论法国思想库及其政治功能[J].广东外语外贸大学学报,2015(1):90-95.

攻略、评估政策运作效率功能、引导舆论功能和传播社会知识功能。"①

结合西方决策咨询机构功能的分类和特征,众多学者也对我国决策咨询机构的功能进行了分析。师智峰(2007)认为思想库功能主要分为"研究咨询功能、协调功能、人才储备功能和宣传功能"。② 杨雅琪(2015)认为:"建设中国特色新型决策咨询机构可以用'资政''启民''伐谋''孕才'四词概括其功能。"③钱再见(2013)认为:"民间思想库功能主要分为政策咨询功能、政策宣传功能、政策评估功能和人才聚集功能。"④张沱生(2010)认为:"中国决策咨询机构要充分发挥桥梁作用,也就是起到官方和民间、中方和外方、国家职能部门之间的桥梁作用。"⑤

4. 决策咨询机构影响因素综述

决策咨询机构的影响因素比较复杂,同时也受到了国内学者的关注:卢晶颖(2008)提出:"人才交流以及科研人员的研究能力会影响政府决策咨询机构的功能发挥。"⑥李艳、王凤鸣指出:"我国思想库发展不均衡,官方、半官方思想库比重大且独立性、客观性差是制约了我国政府决策咨询机构功能发挥的因素之一。"⑦吴军飞(2011)提出:"中国的民间决策咨询机构缺乏稳定资金来源渠道、研究人员专业化水平不高、政策影响力不足等因素是影响民间决策咨询机构功能发挥的原因。"⑧严蓓蓓(2012)认为:"思想库在政府决策中的地位未得到法律确认是影响决策咨询机构功能发挥的重要因素。"⑨欧阳君君(2013)提出:"政府决策咨询机构在行政体制中缺乏主体资格是造成政府决策咨询机构功能发挥不足的原因之一。"⑩钱再见(2013)提

① 王佩亨,李国强.海外决策咨询机构——世界主要决策咨询机构考察报告[M].北京:中国财政经济出版社,2013.
② 师智峰.关于思想库研究现状的综述及评论[J].社会科学管理与评论,2007(3):81-87.
③ 杨雅琪.党校思想库的功能及发展优势浅析[J].理论学习与探索,2015(6):70-71.
④ 钱再见.当代中国民间思想库及其功能实现路径研究——基于国家与社会关系视角的分析[J].行政论坛,2013(5):54-59.
⑤ 张沱生.中国智库要充分发挥桥梁作用[J].国际展望,2010(5):25-26.
⑥ 卢晶颖.中国思想库建设的环境因素探析[J].情报资料工作,2008(5):67-70.
⑦ 李艳,王凤鸣.欧美思想库运行机制对我国思想库发展的借鉴意义[J].学术界,2010(5):214-221.
⑧ 吴军飞.民间决策咨询机构在公共政策制定中的功能及实现障碍[J].华北电力大学(社会科学版),2011(6):41-42.
⑨ 严蓓蓓.当代中国思想库的角色特征及其独立性缺失析论[J].行政论坛,2012(4):93-96.
⑩ 欧阳君君.论行政决策咨询机构的角色认定、功能建构与行为规制[J].天津行政学院学报,2013(5):64-69.

出："传统观念上的'公有制单位偏好'是导致民间思想库往往不能有效发挥人才聚集功能，难以吸引并留住优秀政策分析人才的重要因素。"① 占学识（2014）指出："独立性是决策咨询机构功能发挥的重要因素。"② 安丽娜（2015）提出："法治保障是影响政府决策咨询机构功能发挥的基础。"③

综上所述，无论是研究的层次、内容还是方法上，国内学者对于决策咨询机构的研究仍处于初级阶段。从层次上看，国内决策咨询机构研究仍停留于对个别机构的案例分析，而没有上升到对大量决策咨询机构的系统分析层面。因此研究结论往往只能适用于小部分特定案例，而没有在整体角度上对决策咨询机构的发展进行审视；从内容上看，国内决策咨询机构相关研究领域还存在大量的空白，尤其鲜有对决策咨询机构功能塑造方面的研究；从方法上看，对决策咨询机构的研究多属于定性研究，而很少用定量研究的方法，通过数据分析和指标体系来对决策咨询机构的发展现状进行全面分析和判断。但是从决策咨询机构整体发展趋势来看，国内决策咨询机构开展的研究正逐步体现出从个案到全面、从局部到全局、从定性到定量的进化路径。这也是国际相关领域研究的发展方向所在。

（三）国内外相关研究评论

对于国内外学术界而言，决策咨询机构研究都是一个新兴的研究领域，最早的研究文献也只能追溯到 20 世纪 70 年代。经过近 40 年的发展，决策咨询机构研究在理论研究领域取得了长足的进步，但相较于其他学科、领域的研究仍比较滞后，成果也较为单薄。这在国内研究现状中体现得尤为明显，关于决策咨询机构研究大多集中在对公共治理和公共关系等方向的探索，在研究范式和理论体系构建方面仍然存在较大的研究空间并已经逐渐成为当下学术界关注的主要焦点，也将成为影响决策咨询机构存续、发展以及其系统功能能否有效实现的重要因素。由以上文献梳理和总结可以看出，相比过去，当今学术界对决策咨询机构的研究重视程度已经越来越高。

① 钱再见.当代中国民间思想库及其功能实现路径研究：基于国家与社会关系视角的分析[J].行政论坛，2013（5）：54－59.
② 占学识.国家治理视域中的中国特色新型决策咨询机构建设[J].湖北行政学院学报，2014（5）：32－37.
③ 安丽娜.新时期中国决策咨询机构建设的法治保障初探[J].中国行政管理，2015（4）：148－149.

相较国外先进的理论体系和研究手段,我国目前在智库的研究上还处于介绍和套用别人先进理论的初级阶段,距离研究领域的高峰还有很长的路要走。

通过梳理国外相关领域的文献不难发现,伴随着国外决策咨询机构的产生、发展、繁荣,演变出了多个研究领域。这些研究领域各有其侧重点,通过综合各方优势和研究成果,结合成一套成熟的体系结构,从而探索出智库发展的新思路。正是这些基础,使得决策咨询机构在西方的各领域都扮演着越发关键的角色。"西方国家大到国家安全、对外关系和发展战略,小到退休金、社区卫生乃至儿童午餐等问题,都有各类决策咨询机构参与的身影。"①以美国为代表的西方发达国家正是依靠如此成熟完善的智库体系结构无缝衔接了国家的公共治理体系,使得两者相辅相成共同发展。

从现有的国外文献中不难发现,虽然学者的研究视角和研究策略各有不同,但是对于理论研究仍然以决策咨询机构的作用这一问题为核心。这主要取决于对决策咨询机构的身份定位,是政策制定政策的参与者而不是决策者。决策咨询机构未来的生存空间主要依托其功能发挥的实际作用。"西方学者从宏观、中观、微观三种视角来解释思想库的作用与功能问题。宏观研究主要通过依附于政治学理论,如多元理论、精英理论、国家理论等,来对决策咨询机构的功能进行研究;中观研究主要基于政策过程展开,通过将决策咨询机构影响政策过程的研究引入中观层面,以期找到理解政策过程各因素之间关系的理论框架,主要涉及理性系统的逻辑起点、政策参与者的集体行动、政策子系统、政策过程结构主义思路;微观研究主要基于'知识运用'理论,主要关注如何在知识与政策之间架起桥梁的问题。"②从研究路径的角度来看,近年来实证研究不断被运用到决策咨询机构研究中已逐渐成为学界研究新思路。"从国际上最近十年的思想库实证主义研究的发展可以看出,思想库研究的发展趋势是:定量分析已经成为越来越重要的研究方法;学者们广泛采用了问卷、数据库检索等数据搜集手段获得第一手数

---

① 张志强,苏娜.国际智库发展趋势特点与我国新型智库建设[J].智库理论与实践,2016(1):9-23.
② 张欣.智治之维——智库在公共治理中的功能研究[D].徐州:中国矿业大学,2016:197.

据;用于发现因果关系和验证理论假设的回归分析方法已经出现。"①

　　和西方传入中国的其他理论发展路径相似,中国对于决策咨询机构理论的研究也是一个从浅到深,从了解到借鉴的过程。在决策咨询机构研究的最初阶段,国内研究者更多地是依据欧美思想库的一些基本情况,让我们对其在社会治理中的地位和作用有了初步的了解,也吸收了相当一部分成功和失败的经验与教训,为我国决策咨询机构的发展和繁荣提供了丰富的理论基础和实践依据,另一方面,西方决策咨询机构理论的解释和应用中,也暴露出越来越多的与当下我国决策咨询机构发展实际不相适应的问题。而我国目前仍十分缺乏在相关领域结合我国的实际国情对决策咨询机构开展全面研究的经典著作。"具有代表性的有 2009 年朱旭峰所著《中国思想库——政策过程中的影响力研究》、2013 年何五星《政府决策咨询机构》、2014 年胡鞍钢所著《中国特色新型决策咨询机构》、2014 年王辉耀和苗绿的《大国决策咨询机构》等。"②

　　总体看来,国外对决策咨询机构的研究相对丰富,包括决策咨询机构的分类、功能以及影响因素等方面的探讨。但是国外的相关研究多以英美等发达国家的决策咨询机构为对象,鲜有涉及经济发展初级阶段国家或者新兴经济体的思想库的研究。此外,我国别具一格的权力运行体制,使得中国特有的公共决策过程和方式赋予了决策咨询机构研究新的方向。

　　国内现有的相关研究,多数沿用国外相关理论分析我国决策咨询机构的问题,而没有从中国特殊的社会背景和权力结构出发,深入剖析决策咨询机构的地位和作用,例如当前有关决策咨询机构分类的文章以隶属关系和职能分类为主,大多以西方文化为背景,与中国决策咨询机构的现实情况存在一定差别。决策咨询机构的生存空间主要凭借其完善的辅助决策功能,而纵观现有的研究成果,缺乏从功能塑造的角度解释和分析相关问题的研究。以上种种,既是现有研究的不足和缺陷,也构成了本书的研究空间。

---

① 朱旭峰."思想库"研究:西方研究综述[J].南开大学周恩来政府管理学院,2007(1):60-69.
② 张欣.智治之维:智库在公共治理中的功能研究[D].徐州:中国矿业大学,2016:197.

三、研究内容、方法与技术路线

（一）研究内容及结构

1. 研究内容

本书在结构功能主义理论的基础上，运用因子分析、结构方程模型等量化分析方法以及问卷调查、案例分析、文献综述等规范研究方法，对政府决策咨询机构功能塑造中的发展概况、组织架构以及运行模式等进行深层次剖析，找出政府决策咨询机构在政府决策上的问题和不足，并根据问题提供了解决策略。

（1）对政府决策咨询机构类型、功能分类和影响因素进行了文献综述，对政府决策咨询机构的概念、特点和功能等基本概念进行了定义和界定。

（2）运用因子分析和多元回归分析方法，对政府决策咨询机构功能塑造问题进行了量化研究。

（3）根据实证研究，最终就政府决策咨询机构如更好地发挥其应有的功能提出了相关对策和建议。

2. 本书结构

第一章为"决策咨询机构功能塑造历史回顾"，通过回顾政府决策咨询机构功能塑造的历史，找出我国决策咨询机构功能的发展路径。

第二章为"中国决策咨询机构功能塑造现状及问题"。

第三章为"造成问题的原因：基于结构方程模型的分析"，通过量化分析的方法研究影响政府决策咨询机构功能发挥的因素。

第四章为"决策咨询机构功能塑造中的影响因素"，通过实证研究找出政府决策咨询机构功能塑造中存在的问题。

第五章为"发达国家决策咨询机构功能塑造经验借鉴"，通过对国外政府决策咨询机构决策模式、筹款方式、运作模式等经验的借鉴，为我国政府决策咨询机构功能塑造提供启发。

第六章为"决策咨询机构功能塑造优化研究"，从宏观、中观和微观三个层面对政府决策咨询机构功能进行全面分析，设计优化方案。

（二）研究方法

1. 文献研究法

文献研究法是一种较为传统的研究方法,其主要是通过研读国内外决策咨询机构建设以及功能发展和演变的相关文献资料,从既往研究中对政府决策咨询机构的研究基础和研究进度进行借鉴和分析,了解研究现状和趋势,从而明确研究的思路和方向。

2. 实证研究法

实证研究法强调理论要客观描述事实,即在价值中立的条件下,通过对经验事实的观察,来检验命题和假设,实证研究的结果不受研究者主观意念和好恶的影响,从而确保其客观性。本书对决策咨询机构及其功能塑造的研究和分析建立在实证研究的基础之上,通过问卷访谈的方式,探明决策咨询机构功能塑造的现状与问题,以全面了解决策咨询机构发展的客观情况。

3. 定量分析法

定量分析法是指运用回归分析、因子分析、结构方程模型等数据处理方法,对所掌握的数据材料进行分析处理,寻找数据中蕴含的相关关系和当前政府决策咨询机构功能塑造中存在的问题,以探索建设有中国特色的新型决策咨询机构之路。本书主要通过结构方程模型(SEM)和因子分析方法来确定决策咨询机构的影响因素及其效应分解。

4. 历史分析法

通过对我国以及西方发达国家的决策咨询机构功能塑造的历史演进进行回顾,探寻政府决策咨询机构在不同历史发展阶段的功能发挥情况。在分析和解决政府决策咨询机构功能塑造中存在问题的同时,追根溯源弄清历史发展轨迹,提出符合决策咨询机构发展规律的有效解决办法。

5. 比较分析法

比较分析法通过对体制内和体制外政府决策咨询机构以及国内外决策咨询机构存在问题进行对比研究,找出如今政府决策咨询机构主要面对的共性问题和个性问题,为政府决策咨询机构的功能塑造提供参考和借鉴。

（三）技术路线

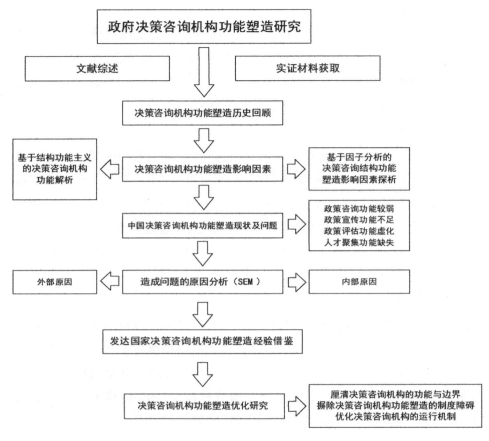

图0.1 技术路线图示

四、相关概念辨析

（一）行政决策咨询

"咨询"一词古已有之,在古代中国其含义便与行政事务相关,多用于官员之间商讨各类事宜,特别常见于王公大臣身边出谋划策之人。《现代汉语词典中》,"咨询"的释义为"询问,征求意见"。现代社会里,咨询逐渐脱离个人间的交流行为,发展成为对人类智力进行开发和综合的过程。在此过程中,智力和知识的汇集产生了综合效益,从而使得一部分特定的人成为决策者充当顾问、参谋,而他们的组织就成了"思想库"。并且,咨询不再是官员的专利,也不再局限于政府事务,复杂多变的社会环境和多元共治的社会管理需求,使得公共决策所需的专业和知识范围大幅扩展,从而需要委托专业的咨询团体就决策事项进行研究,提出专业的建议和方案,以供决策者进行选择。"行政决策咨询"就是专家学者组成的咨询团队参与到政府部门制定决策的过程中,通过科学严谨的调查、分析和研究为其提供合理的决策方案。

（二）政府决策咨询机构

政府决策咨询机构是指由相关专家、学者组成的,为政府提供决策咨询意见的政策研究组织。从广义上讲,政府决策咨询机构就是为政府的决策提供咨询的机构,既包括官方性质的也包括民间性质的,以思想库（决策咨询机构）为代表的政府决策咨询机构是当代存在范围较广、影响较大的决策咨询主要形式。狭义上的政府决策咨询机构则指为政府决策提供咨询而又不依附于政府,并且具有独立性和非营利性特点的组织机构。本书研究的对象是指广义上的政府决策咨询机构。政府决策咨询机构是为了适应政策环境迅速变化和满足现代国家日益复杂的决策需要,以影响公共政策为宗旨而产生和发展起来的。其外在运作形式包括通过公开发表研究成果、院外公关游说、通过媒体传达其思想、召开讨论会、出版刊物、提出专题研究报告、与政策制定者进行其他沟通等方式。

（三）功能塑造

功能在《辞海》中被解释为事物或方法所发挥的有利作用,也作效能和作用。政府决策咨询机构的功能研究对提高我国政府决策的科学性并减少决策失误起到促进作用,目前我国政府决策主要功能包括:

1. 生产政策理念和提供政策建议功能

决策咨询机构的主要职能就是提供政策建议和生产政策思想,这些具有前瞻性的政策思想正是决策者需要的,这些独到的思想和见解足以影响到决策者对国家利益的理解,对重大政策的判断和对优先发展计划的安排等。决策咨询机构的思想生产,是通过科学和系统的研究而生成前沿性的成果,该成果在获得学术界肯定和政府决策者采用的基础上在该领域形成一种具有领先地位的理念。

2. 对公共政策的监督和评估功能

一项公共政策的成效需要通过政策评估来判定,而科学有效的政策评估是揭示公共政策利弊得失的重要手段和方法。决策咨询机构正是通过发挥其对公共政策的监督和评价功能来实现政策评估的主要目的。在政策评估中不断发现现有政策的缺陷和不足,并提出调整建议,是决策咨询机构的重要业务范畴,也是其能够生存和发展的必要条件之一。

3. 人才储备和培养功能

为政府提供和储备人才是政府决策咨询机构的主要功能之一。各国决策咨询机构通过网罗社会各界精英打造属于自己的"旋转门"机制,所谓"旋转门"机制是指前政府官员在离开政府部门以后,进入决策咨询机构工作,通过在政府机关工作中所获得的知识和经验,帮助决策咨询机构提供更符合决策者需求的政策建议。在获得前政府官员帮助的同时,在决策咨询机构工作的精英分子也可以获得前往政府部门工作的机会,他们在决策咨询机构中掌握的先进理论知识和研究方法也是对政府部门开展研究的良好补充,同时这些精英学者也可以获得在政府部门锻炼的机会,使得他们不仅了解政策研究,也了解政治现实。这些经验可以帮助他们有朝一日在政、学界游刃有余、进退自如。

4. 政策的宣传和教育功能

决策咨询机构能够引导社会思潮的变化,以美国为代表的西方国家,舆论媒体自身往往并不具备对重大政策进行独立分析的能力,但对各类政府决策咨询机构的研究成果却非常依赖,因而在进行新闻报道和时事评论时往往要借助决策咨询机构的观点,以增强报道的权威性,另一方面也为决策咨询机构进行舆论宣传提供载体和推动作用,主要表现形式有:发行出版物(例如专著、专题研究报告、内部杂志)、接受主流媒体采访、研讨会议和学术会议等方式,达到互通信息和交流思想的目的。

政府决策咨询机构的政策教育功能是基于其自身的知识结构和信息储备开展的,对公众进行政策知识阐释、政策技能普及的行为过程。政策教育必须有足够的政策知识储备,这是社会上其他组织和团体很难具备的,而决策咨询机构在参与政策制定的过程中,积累了大量与政策相关的知识,这使得其能够承担起政策教育的作用。通过决策咨询机构对公共政策内容、目的和实施方式等进行阐释和解读,加深公众对公共政策的知晓度和认可度,进而影响政策执行的效果。

5."桥梁"功能

所谓的桥梁作用,是指决策咨询机构能够协调政府内部、政府间以及政府与其他社会组织之间的关系、立场与价值,达到互动交流、沟通理解、协商互助的目的,从而为政策制定与执行创造条件。与此同时,决策咨询机构是决策者与人民群众之间沟通的桥梁,由于人民群众参与决策的能力和条件有限,因此普通群众很难有机会接触决策者并对政府决策产生实际影响。而政府决策咨询机构,尤其是一些民间决策咨询机构则可以通过向决策者提供政策建议报告的方式将普通群众的想法呈现在决策者面前,从而为决策者与普通群众的沟通交流提供了平台。

五、理论工具：结构功能主义理论

结构主义(structuralism)和功能主义(functionalism)都源自现代西方哲学。结构主义认为社会是通过各组成部分的相互关联所形成的具有一定逻辑和顺序关系的组织化、结构化的有机系统。功能主义的基本原则是随着生物学的统治地位开始确立的。19 世纪初,查尔斯·达尔文在有关人体、微生物等相关领域新知识的基础上,通过自然选择来解释物种进化,开创了生物学的历史新局面。早期的社会思想家将进化论的理念运用到社会学中,将功能相关的一些概念与系统和组织的进化相连接从而形成了早期社会学中的功能主义思想。之后,孔德和斯宾塞在社会学实证范围内对功能主义进行了解释。此外,迪尔克姆、拉德克利夫-布朗和马林诺夫斯基等学者比较系统地阐述了功能主义的含义与作用。20 世纪 40 年代,美国社会学家帕森斯首次提出了"结构功能主义"这一理论概念,成为这一学派的领袖人物。

帕森斯的结构功能主义理论将社会系统作为主要研究对象。在社会系统中,行动者之间的关系结构形成了系统的基本结构。而社会系统则需要适应、达鹄、整合、维模四种功能来保证自身的存续和发展。适应是通过对环境的探索和认知,明确系统发展所需要的外部资源,并且在获取资源后进行合理分配的过程;达鹄即明确行动目的,在社会系统中,它的作用是根据系统需要制定组织目标,并且调动现有的资源来保障目标的达成。整合是指对系统内部结构和资源进行合理的调整和分配,将分散的各要素和功能有机地组合起来,使之成为一个具有特定功能的整体。维模是指保持系统结构和功能的相对稳定,保证系统的存在和发展。以上四种功能条件需要分别通过经济系统、政治系统、社会共同体系统以及文化模式托管系统共同发挥作用来实现。

对应到政府决策咨询机构功能塑造的相关问题上,同样可以通过对适应、达鹄、整合和维模四个维度的分析,运用结构功能主义,解构影响政府决策咨询机构功能塑造的主要因素。其中适应可以看作信息资源的获取,达鹄可以看作咨询目标的实现,整合可以看作对整个机构组织运作的协调,而维模则是保持整个结构的稳定。

帕森斯结构功能主义在 20 世纪五六十年代占据了美国社会学的主导地位,也使得社会学的研究层次由微观层面上升到宏观层面,然而,美国社会科学研究的主要关注点一直都在社会的实际问题上,帕森斯的理论对社会现象进行了高度抽象和概括,导致其适用性和可行性受到了学术界的较多质疑。

在政治学领域,阿尔蒙德将帕森斯的结构功能主义理论进行了继承和发展,提出了政治系统的结构功能分析框架。他指出,社会系统及其结构(如国家、政党、政府、利益集团等)的存在,是为了实现特定的政治功能。阿尔蒙德对结构功能主义的改进为该理论的发展注入了新的活力,从而使之突破了帕森斯的理论窠臼,从此之后结构功能主义不仅能够解释宏大的社会理论,也能对具体的系统和组织进行有针对性的剖析,大大拓展了理论的适用性。

对于结构主义的发展而言,阿尔蒙德最大的贡献在于将结构功能主义上升为方法论层面的理论,使其在各种社会系统的分析中得到创造性的运用。更重要的是,阿尔蒙德明确地指出,结构功能主义理论的核心价值,不在于它的四种功能,或者说不在于该理论具体包括哪些功能,而在于明确了结构和功能的关系,以及通过对二者关系的剖析解释组织存在与发展的原因。首先,社会本身是一个复杂的系统结构,这个系统的结构无论在整体上还是局部上都趋向于一种均衡,因此系统内部的各要素以及系统本身也都构成了一个均衡系统。其次,社会系统的存在依赖于其功能的发挥,系统只有发挥应有的功能才能维持其存在和发展。最后,系统功能的发挥需要一定的结构来作为载体,因此系统内的结构是为了实现具体的功能而存在。根据上述理念,我们可以用功能发挥的程度来解释系统发展中的各类问题。因此,对决策咨询机构功能塑造的结构进行功能主义分析,可以把决策咨询机构视作一个系统,它是社会大系统中的一个局部系统。系统为了维持自身的均衡性,需要通过一定的结构来发挥其功能,否则系统就会难以为继。

结构功能主义是一种非常有价值的理论视角和分析范式,并且自身在不断修正和完善。这种方法将社会实体视作一个系统或者体系,从而从整体的角度清楚地界定系统特征,并将组织结构看作系统存续和发展的必要条件,与此同时,确认其子系统间的关联和整合因素,研究各个因素间的相互作用的结果。在微观角度,同时从纵向和横向两个维度剖析整个组织,即用结构分析的方法将各种社会因素协调起来进行一体化研究,或者以功能分析角度,揭示特定的组织结构得以维持的各类条件。因此,在观察和分析某一特定的社会组织或者群体时,首先应该把它视为一个具有稳定结构并持续发挥着特定功能的有机体,这一有机体的存续和发展,依赖于其组成部分或者子系统的相互联系,而这些内部的联结关系,又是在各个组成部分的功能发挥中形成的。因此可以说,每一个社会组织,无论其规模大小、性质如何,都满足结构与功能相互联结、相互统一的普适性。这一普适性为研究和分析各类社会系统或组织提供了多层次的分析框架。一方面从宏观角度赋予结构整体性,另一方面从微观角度发现和分析功能对结构的作用。这也是结构功能主义被广泛应用于各种社会组织研究的原因所在。具体而言,在理论方面,机构功能主义理论对社会系统的剖析过程中所进行的框架构建和观点诠释值得关注;在实证方面,可以通过将社会发展中的实际经验与理论观点进行对照,从而检验理论的效用,开辟新的视野和思路。

（一）结构是功能的运行载体

对于组织而言,结构是指组织内部各要素之间的相互关联和相互作用的方式与形态。结构功能主义对组织结构认知可以从空间和时间两个维度来考察：在空间上,组织结构的形成,是组织内部诸要素按照一定的逻辑关系和规范秩序组合起来,并且形成一种相对稳定形态构成和既定合意的层级序列,并使之维持下去的过程。由此可知,其一,一定的功能必须有一定的结构作为载体,否则功能不可能存在;其二,组织结构之所以能够形成并维持,必然是因为组织内部各部分和各要素之间进行了有效的互动和连接,否则系统整体的结构不可能存续;其三,组织结构的形式是组织变化和发展的物质基础。总的来说,组织结构的形成过程反映了社会组织的本质,组织内部各要素的相互作用决定了组织结构的形式和发展趋势。

结构功能主义的研究对象非常广泛,可以是有形的物质,比如楼宇建筑、机械工具等,也可以是无形的信息、流程、方式等,更可以是社会化的基本单位——"组织"。也就是说,如果从系统的层面上进行观察,可以从结构功能的分析框架对研究对象的特质进行考察：一方面以"系统"为分析单位,扩展结构意义的理解,可涉及自然科学和社会科学的诸多领域;另一方面,通过从不同的研究角度来剖析系统结构的动态变化趋势,在不同的时间和空间层次揭示各类系统结构的排列组合方式。因此,组织结构对于其功能发挥的重要性不言而喻：

第一,组织结构体现着组织系统的运行效果,是其功能存在的物质基础。组织结构是否稳定,是结构功能主义判断系统合意程度高低的主要标准,系统结构一经形成,其内部各要素之间的联结和关系便相对固定,这些联系方式和逻辑排列决定着整个组织的性质和状态,并且在组织与外界的互动和交换过程中趋于稳定。当然这种稳定性也是相对的,纷繁复杂的内外部环境使得组织也必须调整自身的结构来适应环境的变化,但无论变化的频率和程度如何,结构上整体的协调合意仍是组织存续发展的必要条件。合意性通常用组织结构的均衡程度来衡量,在均衡的结构中,组织内部各要素间的排列和联结相对固定,并且能够适应组织当下的发展需要;而非均衡的结构则表示各要素间的冲突或不协调程度较高,缺乏对内外部环境的适应性,其功能发挥也必然遇到阻碍。

第二,组织结构体现了一定的层级关系。系统中的层级关系体现在纵向和横向两个方面,结构的纵向层次性规定了组织内部由上至下的等级划分和隶属关系以及各部门或者子系统群之间的上下关系;横向的层次性则体现在系统中同一层级的各个部门或者子系统间的联结形态和沟通方式。由此可见,通过对系统结构的审视和分析,能够发现系统自身与系统内外部环境之间的关联所在,同时能够发现系统结构和功能中存在的问题,为优化系统结构与功能提供依据。

第三,系统结构是变化发展的,类似于生物有机体,系统的生存和发展需要与外部环境进行"输入"与"输出"的互动。因此,处于不断变化的环境中的任何系统或组织都不可能是封闭和静止的,其必然会或多或少地发生与环境的互动和交换,这个过程为其结构赋予了开放性和可塑性,同时也使得系统结构更为复杂。系统结构的多变性和复杂性使得对系统变迁的认识变得十分困难。结构功能主义的一些分支理论尝试着对复杂系统结构进行解释,如"黑箱理论"①,微观行动理论,利益冲突等,这些理论从不同层级的系统角度出发,力求达到对复杂系统结构的有效认知。此外,对系统机构进行动态性分析,能够进一步发现系统在特定时间轴上的特征与性质,从而把握系统的发展趋势,着眼未来,进一步提升系统功能。这对于本研究而言尤其重要。

（二）功能是结构的质量判定

一般而言"功能"一词意味着"事物或方法所发挥的有利作用,也作效能和作用"②,投射到组织或者社会系统的概念中,"功能是指系统在其内部和外部的结构和交流联系中所表现出来的特质、功用和效能"。对系统功能的

---

① 结构功能主义中,帕森斯把暂时没有被认识结构的系统称为"黑箱",但这类系统外部输入与输出的物质、能量、信息变化可以观察分析,由输入与输出关系去研究与判断系统的内部结构,这种方法被称为黑箱方法。

② 盛平.学生辞海[M].北京：海洋出版社 1992：1045.

关注和研究,是结构功能主义理论的核心内容。结构功能主义对系统结构的分析主要着眼于其合意性,而对于系统功能的分析,则注重于其可控性。在结构功能主义看来,功能之于结构而言,可以被视作一个动态的介质,用来判断组织结构内部各要素间的联结效率和与外界环境的互动效果,即系统结构的质量。

首先,结构稳定性由其功能进行判定。一方面,对组织内部而言,组织的功能能够强化各部门、各要素、各成员对组织的认知度、认可度和依附性,这将有利于组织结构的稳定与持续发展。另一方面,对组织外部而言,组织通过发挥其特定的作用来获得在系统中的地位,并且不断强化自己的生存与发展能力。

其次,结构的独特性由其功能进行判定。组织功能是各类要素的关系与交流方式,系统功能运行的结果也就决定了组织的结构形态。随着社会分工的日益细化,组织在社会大环境中面临着激烈的竞争和挑战,唯有保持和发展自身功能的独特性和不可替代性,才能在竞争激烈的环境中生存下来。

最后,结构的合意性由其功能进行判定。组织功能的实现有依赖于其组成要素和部门的有效联结和互动,同时也受到组织外部环境的影响。组织机构的变化与发展,必然使得其内部各要素间的摩擦和矛盾增多,要妥善处理这些矛盾,组织就必须增强各组成要素的交流与互动,这个目标能够通过相应的结构调整来获得实现。当组织内部各要素之间如果能够良好互动、组织成员间能够顺畅沟通,系统间的合作与融合概率也就相应增加;反之,各组成要素间之间如果相互排斥和孤立,系统结构的合意性就会降低。

(三)组织结构与功能的统一

在明确了"结构是功能的载体,功能是结构的质量判定"之后,就能够在特定的社会背景和环境中,将二者统一起来。

结构是组织内部各要素通过一定的逻辑关联和排序组成的整体形态,它关注的是整体的合意性,而功能作为结构形成之后产生的一种动态介质,它不仅关注合意性与目的性,同时还关注其自身的可控性。因此,系统会通过社会化和控制机制两种方式来实现结构与功能的统一。社会化机制是指组织通过人格系统,对组织成员进行教育与培训,使之明确组织的需要和要求,当个人学习和内化了组织的需求,就会使得以个人为单位的部门或者子系统主动调节其目标和行为方式,以配合组织整体的生存和发展需求;控制机制是指,组织通过将目标和需求外化,形成制度规范和相应的措施,从而约束成员的行为,使之适应组织发展的过程。可以看到,控制机制相对于社会化机制而言其强制性更高,更容易在短期内迅速调整成员或部门行为。总而言之,组织在自身的发展以及与环境的交换和互动上,必须同时考虑其结构的合意性和功能的可控性。如果合意性不足,可控性必然也会有所损失;反之,如果对功能的控制不到位,也必然会降低组织结构的合意性。所以在具体组织的研究中,要深入分析和把握对象的结构与功能之统一性,在对决策咨询机构的功能塑造问题研究上更应是如此。

在明晰结构的合意性、功能的可控性以及行动体系的层级性之后,还应该注意其过程性和动态性。即二者的统一是在组织结构和功能相互作用、相互影响的过程中实现的,结构和功能的统一性不是静止的、绝对的,而是动态的、相对的。组织一经设立,便不可避免地与其内外界环境产生联系,通过沟通、交换等方式,组织与环境进行资源(人、财、物、信息、社会资本等)的输入和输出,在此过程中,组织结构和功能都在不断地调整,以适应组织发展需求和应对环境的变化。因此,必须用动态的眼光审视组织结构与功能的统一性,而不是将二者的关系在固定的时间截面上进行分析。

六、创新之处

(一)理论创新

本研究将结构功能主义与决策咨询机构功能塑造问题相结合,把决策咨询机构视为结构功能主义理论框架下的一个社会系统,在"结构—过程"这一范式的指引下,分析决策咨询机构的功能塑造问题。

第一,在结构功能主义的理论框架下,审视决策咨询机构功能塑造与组织结构的关系。本书根据"结构是功能的运行载体,功能是结构的质量判定"这一双向逻辑,将决策咨询机构的组织结构嬗变与功能塑造能力关联起来。一方面,组织结构是功能形成的物质基础,系统结构的变化性使得组织功能也处于不断的变化和发展之中;另一方面,组织功能是组织结构稳定性、独特性、合意性的衡量标准。因此,认识和阐明结构与功能的统一关系,是探讨决策咨询机构功能塑造的理论前提,也是贯穿本书的主要理论逻辑。

第二,将结构功能主义的"四维度"功能划分,应用于决策咨询机构的功能剖析中。从决策咨询机构的现有研究来看,多数学者是从机构分类、影响和运行机制入手,而忽略了决策咨询机构的功能属性。本书以结构功能主义的"四维度"功能划分为切入点,从适应、达鹄、整合、维模四个方面探析决策咨询机构功能塑造的现状、问题、成因及对策,并贯穿研究过程始终。用结构功能主义对决策咨询机构的功能塑造进行分解和研究,这在相关研究领域中应属首创。

第三,创新性地将决策咨询机构的功能分解为"获取信息资源、实现咨询目标、协调组织运作以及保持结构稳定"四个方面。负责实现以上四种功能的子系统分别为经济系统、政治系统、社会共同体系统和文化模式托管系统。这些功能在社会系统中相互联系,从而实现了系统的结构化,同时构成了系统稳定性的支撑来源。以此为理论基础,通过实证研究发现当前我国决策咨询机构四个子系统中存在的问题与困境,并在此框架下寻求应对之道。

第四,从内外两方面探索决策咨询机构功能塑造的影响因素。影响决策咨询机构功能发挥的因素纷繁复杂,本书从内部和外部两方面,对众多因素进行梳理和分类,其中外部因素包括制度因素、知识因素、社会因素、技术因素和合作因素,内部因素则包括结构因素、运营因素、管理因素和动力因素。通过结构方程模型的分析得知,外部因素是造成当下决策咨询机构功能发挥不足的主要原因。

第五,厘清各类影响因素在不同阶段产生的影响,为优化和改善现有的决策咨询机构及其功能塑造提供可行的方案。决策咨询机构在适应、达鹄、整合、维模上的功能塑造是一个系统过程,本书在结构功能主义的理论框架下逐一分析四类功能的塑造方法及其影响因素,并以此为依据,探求优化和改善当下中国决策咨询机构功能塑造的方法与路径。

（二）方法创新

目前国内现有研究对该领域的研究方法以定性研究为主,鲜有实证的、定量的研究。而本书通过调查研究,利用量化分析的研究方法对政府决策咨询机构功能塑造现状和成因进行全面的分析。其中,通过因子分析(主成分分析法)提取众多影响因素中的公共因子;通过结构方程模型将各因素的效应进行分解,得到影响决策咨询机构功能塑造众多原因中的主要因素。理化研究方法的运用有助于得出更为具体和直观的研究结果,成为对该领域现有研究的有益补充。

（三）结论创新

在理论创新和方法创新的基础上,本书的研究结论也具有以下三个方面的新发现:

(1)结构功能主义的视角下,决策咨询机构的功能包括获取信息资源、实现咨询目标、协调组织运作以及保持结构稳定四个方面。

(2)当下我国决策咨询机构功能塑造中,适应功能不足、达鹄功能虚化、整合功能缺失、维模功能较弱等四类问题并存。由于当前我国多数决策咨询机构在此四项功能上均有欠缺,使得大量决策咨询机构并未在公共决策过程中发挥应有的作用。

(3)决策咨询机构功能塑造面临的现实问题与困境是多因作用的结果。结构方程模型的分析结果显示,制约决策咨询机构功能发挥的因素主要为制度土壤、政策环境等外部因素。

第一章
决策咨询机构功能塑造历史回顾

决策咨询机构在当今政治经济文化发展中发挥着越来越重要的作用，但究其本质而言，决策咨询并非新名词、新功能，而是在长期历史进程中逐渐完善发展起来的。咨询是伴随人类社会演化发展的智力交流活动，在历史长河中，咨询的组织架构在持续变化：从主体来看，日益从个体变为群体；从活动形式来看，日益从简单转向复杂；从功能具备来看，日益从单一转向多元。特别是在不同的历史背景下，决策咨询机构的功能紧跟社会发展需求发生变化，新功能不断产生，原有功能得到拓展，部分功能逐渐消亡，功能架构在发展进程中得到重新塑造。

第一节　西方国家决策咨询机构功能发展历史

一、功能萌生阶段

决策咨询机构的产生是以人类的智力、思想以及知识积累为基础的，其存在的直接目的是解决社会问题，维系社会正常运转和群体生活稳定。决策咨询机构功能的产生最初是为了解决直接关系生存、生活的物质资料的生产与分配抉择，尤其是提供在分配过程中的智慧选择，保障人类群体生存、发展和演进。因此，可以看出，在人类群体社会建立之时，为化解冲突和矛盾,解决利益分配不均等影响群体稳定的问题,决策咨询已存在,虽然其组织形式还比较简单,甚至是以独立个体为主,但在这里依旧可以认定其为决策咨询机构的萌芽,此时也是决策咨询机构功能的产生阶段,从时间阶段来划分,这一阶段主要从人类产生到有正式文字记载之间的社会时期。在功能产生阶段,为应对自然界的危险和满足生产活动的需求,人类社会逐渐从零散的非定居的小团体向集中的较稳定的部落演变,人口的密集度增加,随之也带来了部落内部和外部的矛盾冲突,群体组织需要保持稳定,这就为一些掌握了部分自然认知和自然规律的智者提供了展现能力和影响的机会,他们也成为社会群体中提供决策咨询的主体。

在这一阶段,由于当时人们的认知还相当有限,当时的人类社会在政治、经济和文化还处于雏形阶段,所以,对于决策咨询的需求也相对较低,与之相应的决策咨询的基本功能也相对简单,主要是认识和掌握自然界的基本规律,进一步尝试探索人类社会运行的基本知识,积累和传承相关文化,并在政治生活中协调社会关系、处理公共事务,确保群体合作运行机制的正常运行。作为咨询主体,主要依靠自己的权威地位,掌握相对丰富的知识和先进的思想,对其所在的社会群体在生产与生活过程的基本事务和矛盾冲突进行协调,提供有利于所在群体长远发展的建议和思路,总结人类社会发展过程中所掌握的知识、经验、方法等。在萌芽阶段,相较于如今西方决策咨询机构完善的组织机制和覆盖面较大的组织网络,当时的决策咨询机构的功能处于依据现实需要的自然产生期,还较为单一,且并未经过科学设计和研究。可以说当时的决策咨询模式并非现在真正意义上的决策咨询机构运作模式,而是一种类似于决策咨询的表现形式。但不可否认的是,这一时期决策咨询的产生仍然为后来决策咨询机构在各方面的发展提供了借鉴的模式,并在不断实践中为功能的进一步发展奠定了基础。

二、功能形成阶段

随着文字的出现,人类社会进入文明时期。在这一阶段里,人类在政治、经济、文化和知识水平发展等方面都取得了较大突破,探索外部自然的能力不断提升,对世界和人类自身的思考也在逐步加深,尤其是为教育的普及、知识传播和社会治理提供了智力保障,逐步形成了知识阶层,为决策咨询机构的发展提供了根本性保障。随着社会进步、人口增长以及教育知识水平的提升,越来越多较为复杂的社会运行事务出现了,政治治理成为人类群体生活中的重要内容,如何掌控普通百姓的观念和社会运行的结构模式,成为统治者首要考虑的问题,决策咨询的重要性得到进一步体现,功能也不断拓展。此时,决策咨询机构的形态也随着社会变化而产生了变化,在类型上也由原来单一的形式发展出多种形态,形成多种形态共存的局面。既有在功能产生阶段的智者等个体形态,主要以皇室私人老师和社会思想的个体传播者等形式存在,例如苏格拉底、柏拉图等,也形成具有固定组织形式的机构型决策咨询组织,例如柏拉图学园、吕克昂学园以及各类教会或大学的神学院。以当时著名的柏拉图学园来分析,"柏拉图学园是希腊古典时期的一所著名学府,又称阿加德米学园,是由柏拉图个人创办的一所典型的私人高等学府。"①由于受到当时政府决策的环境和背景影响,虽然此时的柏拉图学园已经与现代先进政府决策咨询机构有相似之处,但其主要作用和功能仍然十分有限,柏拉图学园的功能主要是结合自己的政治哲学理念为周边国家提供一些简单的政治咨询建议以及治国人才的培养,并且在思想的传播过程中著书立说,《理想国》《法律篇》和《克利底亚》等都是柏拉图学园较有影响力的著作,在政府决策咨询的发展过程中为后人提供了启发和借鉴。当时另一个较为著名的咨询机构要属吕克昂学园了,"吕克昂学园由亚里士多德创办,也被称为亚里士多德学园,建立于希腊教育黄金时期,是希腊科学发展的中心之一,学园配备了大型图书馆、博物馆和实验室,以供科学研究之用,学园在教育上不仅对基本哲学问题进行理论思考,还要进行直接的社会结构和自然现象方面的实验。"②可以这么说,吕克昂学园是希腊决策咨询机构发展的基础,虽然其作用是以研究和教育为主,但是其仍然具备相当一部分的决策咨询机构属性。

---

① 刘莉.轴心时代的东西方高等学府:稷下学宫与柏拉图学园之比较[J].教育与教学研究,2012(9): 26-29.
② 井华,史怀权.稷下学宫与吕克昂学园之比较[J].管子学刊,2007(2):22-24.

从这一时期决策咨询机构功能发展来看,伴随着人类对自然认知水平的逐步提高,决策咨询机构原有的认识和把握自然基本规律功能虽然还存在,但已不再是最主要功能。决策咨询的功能范畴得到了拓展,主要包括维护世俗王权和宗教神权统治、生产和传播探索型知识思想、处理社会事务及提供政策方案等,这既与当时政治经济社会发展环境有关,也与人类教育文化水平提升有密切联系。可以看到,这一时期决策咨询提供者的服务对象主要是教会和王权,主要目的是维护宗教和王权统治,更好地协助其处理矛盾冲突,调整利益分配格局,应对领土军事冲突。但受限于宗教教义,此时决策咨询组织虽然较先前已经有了相当程度的发展,但与当代先进决策咨询机构相比较在功能上依然受到一定约束和局限。

三、功能发展阶段

从文艺复兴和启蒙运动时期开始,西方世界发展与东方世界发展出现了较大差异,西方社会对自然环境和人类社会的认知探索得到了极大进步,人类思想和理性也在争论中逐步得到解放,特别是现代自然科学的极大发展和对外贸易的积极扩展,为决策咨询机构的发展提供了良好的发展契机,在形态、功能等方面都发生了较大变化。

1543 年,"日心说"的提出,标志着近代自然科学革命的开始,自然学科的研究不断深入、分类逐步增多,为新的知识思想生产奠定了重要基础,也为政治革命和产业革命创造了条件。同时,大学和各类学会蓬勃发展,科学著作、期刊和出版物的大量出现,为知识思想的生产与聚集提供了有效的组织基础和传播平台,也因其具有一定的独立自主性,而成为决策咨询机构发展的沃土。同时,在文艺复兴及启蒙运动时期,知识生产呈现出定向服务于政治和社会的特征,而不是传统的"全能性"个人或组织,自然科学出现了分支发展,更加具有专业性和深入性。"特别是到了 16、17 世纪,欧洲各国非常重视各类科学组织和社会团体建设,在英国皇家学会和巴黎科学院成立后,俄国、德国、瑞典等国家相继建立了自己的科学研究组织机构,专门从事科学技术活动,并定向服务于政府及社会事务的处理,为社会做出了实实在在的贡献"①。

在社会大发展的背景下,决策咨询机构的组织架构逐渐由单独的个人或松散的组织向着群体化、机构化转变,掌握着丰富理论知识的人员聚集在一起,在规范的机构管理模式下,运用当下最前沿的公共治理研究技术和理念挑战着日益复杂的决策咨询难题,在这个转变过程中其功能也获得突破性发展。在社会转型期,各类新旧冲突、矛盾、问题层出不穷,人民在自然科学的洗礼下也不再盲目信任宗教传统,为取得民众信任,当权者更倾向于委托各类专业机构和专家学者开展研究,提出理论、方法和政策建议,因此,决策咨询机构所具有的重要功能之一就是为特定的群体,特别是为当权者和相关权力组织提供政策建议或科学服务,以解决当时社会中的急迫问题。其次,新知识、新理论和新技术的不断出现离不开人才的培养,科学院、科学研究会、大学和学术社团群体等决策咨询机构在生产知识和思想的同时,还承担培养专业型人才的任务,以促进自然科学的继续深入发展和创新,满足服务国家和社会发展的需要。第三,与同时期的东方世界不同,西方在现代科学技术支撑下,对外扩张也快速进行。面对西方列强不断增长的野心和殖民统治中不断遇到的复杂问题,大多殖民地国家都陆续建立帮助自己处理相关问题的政府决策咨询机构,持续开展航海、军事、绘图、海外贸易和地理等科学研究,以支撑其航海、军事和贸易等方面的快速发展。第四,在理性思维广泛传播的背景下,统治阶级仅仅依靠传统的统治手段和方法,已不能完全解决新形势下的政治、经济、宗教和殖民统治等复杂问题。单纯依靠政治精英的综合能力已无法满足逐渐增长的决策需求,而必须依靠各领域专业人士的力量来帮助解决问题。决策咨询机构的出现可以为人才的聚集提供平台,吸引各行各业人才参与到决策咨询中。当然理论和实践之间仍然存在一定距离,因此类似现代决策咨询机构中的"旋转门现象"可以帮助很多人员在从事科学研究同时,也参与到政府管理工作中去,提升学术人才实际解决问题的能力。

---

① [美] J. E. 麦克莱伦,哈罗德·多恩.世界科学技术通史[M].上海:上海世纪出版集团,2007:350.

四、功能成熟阶段

进入 20 世纪,人类社会进入了前所未有的快速发展阶段,随着全球人口数量的急剧增长,政治、经济、文化等各方面都发生了巨大变化,咨询活动的运行和演化都也进入了快速轨道,进一步的社会化和产业化,成为社会经济生活中的重要领域,现代决策咨询机构应运而生。一般认为,具有现代意义的决策咨询机构起源于西方国家,最早的现代意义上的决策咨询组织费边社于 1884 年诞生于英国,由韦伯夫妇和萧伯纳创建,随着科学技术的快速发展、国际政治经济社会情况的不断变化,现代决策咨询机构随之变化并走向成熟。

现代决策咨询机构较传统决策咨询机构雏形有以下几方面发展:第一,构建了严密、合理的内部组织架构,区别于以往松散的组织,现代决策咨询机构一般都设置了行政、研究、市场等多个部门,人员结构配置更加合理,专职化程度不断提升,实现系统化发展。第二,细化了研究领域,紧密结合当时自然问题和社会问题发展的不断细化和分类,决策咨询机构也随之加强了对不同学科领域的分类研究,并不断提升其研究的深度和广度。第三,提升了对决策咨询的重要性认识,面对日益复杂多变的社会形态,各级政府和社会组织主动建立了自己的决策咨询机构相关组织,决策咨询机构逐渐向规模化和层次化方向发展。第四,改变了最初决策咨询的目的,以服务于人类社会发展需要为第一要义,完全突破了决策咨询初期为了宗教神权和世俗统治需要的限制,将知识思想与现实社会的实际问题紧密结合。

在现代决策代议制快速发展、全球化经济迅速扩张以及科学技术持续创新的影响下,在社会分工更加明细化、非官方组织发展更加自由化的背景下,专业性和独立性的决策咨询组织陆续出现,重新塑造了现代决策咨询机构功能。在科学革命和工业革命浪潮的冲击下,在信息化技术革命的洗礼下,创新型知识思想的生产成为在当下获得发展的核心要素。现代决策咨询机构的一大功能则是通过专业的研究,为社会发展提供能够促进问题解决和推动各领域发展的创新型知识。同时,现代决策咨询机构在过去各项基本功能的基础上,更加充分地利用科学技术发展带来的技术和知识优势,利用新媒体和传统媒体共同为服务主体的政策主张提供舆论引导,而非直接参与到相关工作去。对于现代决策咨询机构来说,除了对已有问题提出解决方案外,还要充分运用其所掌握的信息和知识,对各类潜在问题进行预判或前瞻性研究并提出相应对策。

第二节 我国决策咨询机构发展历史

一、功能发展萌发阶段

我国决策咨询机构的产生阶段与世界其他国家的情况比较相近。在旧石器时代(大约几十万年的时间)、新石器时代以及青铜器时代,人类逐步聚集在黄河、长江流域,形成聚居的社团群体,并拥有生产食物的能力,有固定的居所,知识文化形态由单一向多元演变,在人类群体生活中也逐渐出现了阶级分化、劳动分工、财富分配等现象,伴随着日益增多的社会问题,在有关生产、生活的不同领域出现不同程度的问题和矛盾,甚至出现了部落冲突和大规模战争。这时,单靠个人力量已经很难妥善解决此类相关问题,需要依靠具备一定威望和实力作为基础的组织来维持当时的社会秩序。

社团群体的形成既为社会治理奠定了基础,也提出了管理需求。这一阶段虽然还没有形成现代意义上的决策咨询机构,但是决策咨询机构所具备的一些功能雏形已经在环境的变迁中逐渐形成,这个阶段决策咨询的功能塑造主要是由于人类无法有效认识和理解所处的大自然,出于生存和群体部落发展的要求而逐渐形成的。主要集中在认知把握原始自然和初级人类社会的状态规律、知识思想生产和社会事务处理。例如按照星辰和生育日月的规律,在生产、生活中将天文知识同农业畜牧、宗教信仰等联系在一起。人类通过对自然规律的不断熟悉、总结和掌握,持续激发自身的潜力和创造力,最终将自然规律逐渐转化为对人类发展有益的社会生产力。这时候掌握规律、具有权威的个体有效推动聚落和人类社会的发展进步,发挥着决策咨询功能。也应该看到,这一阶段的功能发挥主要是由个人控制,功能相对单一,且发挥受个人知识储备和能力限制而不稳定,没有上升至系统理论知识的层面。

二、功能发展蓄力阶段

在中国春秋战国时期和封建社会时期,中国的决策咨询机构从个人形态向机构组织发展,二者并存发展,其数量和重要性都伴随着经济社会发展和统治者治国安民需要逐步递增。"早在战国时期,就已经出现了统治阶级养'士'而形成的'门客集团',这可以算作中国最早的决策咨询组织"[①]。同时,中国文人多有忧国忧民之情怀,希望通过各种途径出自己的思想理念,能够被当权统治者接受而成为国家治理的指导性意见,以更好地造福人民、发展国家,这也是这一阶段决策咨询的一大特色,例如孙膑、苏秦、张仪、萧何、张良和刘伯温等谋略者,作为提供知识和对策的主体,是单独的个人,承担着提供决策咨询的职责。到魏晋南北朝时期,自由独立的清谈活动相当流行和普遍,王孙贵族和文人雅士都喜欢通过这种方式进行相互交流。在当时较为宽松的社会环境下,他们可以相对自由地探讨政治、社会、文化、哲学、宗教信仰与人生等领域的问题,同时也大量研讨了公共政策问题,从其活动主体和基本形式来看,魏晋南北朝时期的这种清谈组织某种程度也可以视为早期决策咨询机构开始逐步从独立研究向合作研究转型的分水岭。最终,古代决策咨询机构发展成熟的标志则是明代晚期"东林党"的出现,东林党中既有江南士大夫群体,也有在朝在野的各派政治代表人物,更有地方势力参与,他们围绕公共政策和国家治理等方面,主张开放言路、实行改良、减轻赋役负担、发展经济等,可以看出,东林党在功能上已经接近于现代决策咨询机构。

在经济社会不断发展的背景下,决策咨询机构在国家政治和经济社会生活中发挥着越来越重要的作用,逐步从单打独斗的个人向共同协作的集团组织转变,其功能也在发展的过程中逐步丰富。首先,他们拥有明确的政治主张,就是要为当权者提供具有时效性、有效性和可操作性的政治策略,

---

① 徐晓虎,陈圻.决策咨询机构发展历程及前景展望[J].中国科技论坛,2012(7):63-68.

帮助统治阶级处理在政治、经济和军事中遇到的各种政策难题,以确保社会运行有序或在军事战争中取得胜利。其次,他们作为当时社会中的精英和掌握先进知识的权威,还承担着生产和传播知识和思想的基本任务,包括对封建统治的法理依据的阐释,帮助人们认识自然规律和社会发展规律,向普通民众传授思想、文化和知识等。最后,在这一阶段作为群体组织形式的决策咨询机构,已经成为专家学者向政治人物身份转换的早期平台,具有了培育人才、举荐人才和聚集人才的功能,功能的拓展也在一定程度上提升了决策咨询组织的重要性。

三、功能提速发展阶段

中华人民共和国的成立,彻底改变了长期以来集权、独裁的社会面貌,决策咨询机构在中国古代决策咨询机构发展的基础上,实现了跨越式发展。特别是伴随着中国社会现代化和民主化进程的不断加速,现代决策咨询机构在促进科学发展、协助问题解决、推进政治决策民主化等方面的作用得到进一步提升,也得到了政府机构的高度重视和大力扶持。

1949 年 11 月,中国科学院正式成立,并在全国范围内整合科学研究人才,组建一批专业研究院所,这是中国第一家专门为中华人民共和国的建设发展提供专业知识、人员支撑和技术指导的机构,标志着中国现代决策咨询机构发展的开始。随后,相继成立了参事院、国际关系研究所、军事科学院、上海国际问题研究所、亚非研究所等一大批各领域从事专门研究的机构。同时,原有的各行业协会纷纷转变为行业学会、研究中心,为政府建言献策和提供专业知识服务。可以看到,这一时期决策咨询机构主要属于官方机构,资金来源以国家财政拨款为主,很少有社会资金资助,研究内容也是根据相关政府部门亟待解决的有关经济发展、政治体制建设和外交事务等领域的问题展开,很少有向个人、社会团体和行业企业提供的咨询服务。

"文革"十年,决策咨询机构发展基本处于停滞时期,原有的机构、机制、人才都遭到严重破坏。"四人帮"粉碎后,中国社会主义建设的各项事业逐步走上正轨,十一届三中全会的召开更是迎来了改革开放的春天,百废待兴的各项事业急需一大批具有知识、技术和思想的专家提供智力支持。党和国家高度重视知识人才的培养,将决策咨询机构等研究机构作为支撑国家政治、经济、军事、国防和外交事业快速发展的重要力量,不仅相继建立了包括中国社会科学院、国务院经济研究中心、技术经济研究中心、价格研究中心和农村发展研究中心等多个国家级重要决策咨询机构,高校决策咨询组织也如雨后春笋般纷纷成立。另外,这一时期,民间决策咨询机构得到了初步发展,主要集中在经济研究领域。

这一阶段同样是中国决策咨询机构功能快速发展的时期,根据当时社会主义建设的需要,具有官方背景的决策咨询机构主要是围绕着如何摆脱中国积贫积弱的现实状况、如何打破外部紧张的国际环境、如何守住社会主义阵地等迫切问题开展的工作。这一时期的功能在古代决策咨询机构的发展基础上实现拓展,其一,决策咨询机构要围绕社会主义科学研究工作和现代化建设提供专业知识、科学理论和技术指导;其二,决策咨询机构成为国家科学发展、技术研发的孵化器,当时众多的具有举足轻重意义的研究项目都由相关研究院所完成;其三,为国家领导层提供政策建议和研究论证服务,开展理论型、政策型和专业型软科学研究工作,在党和国家决策咨询过程中扮演"外脑"和"智囊团"的作用,例如国务院技术经济研究中心就曾经承担了邓小平提出的"三步走发展战略"构想的研究论证工作。其四,决策咨询机构同样承担起了人才培养、知识传承的职责,部分科研院所和高校研究机构可以直接招收学生进行培养,同时,相关研究人员也在决策咨询机构和政府管理部门中转换角色,用专业人士的身份帮助开展社会事务治理任务。

四、功能稳定发展阶段

在科学技术迅猛发展、全球化快速推进的背景下,各国的发展面临着许多新问题和新挑战,实现政府决策的科学化和民主化成为检验国家政治水平的指标之一。伴随着中国改革开放步伐的不断加大,政治经济文化等多方面都有了长足的进步,也对政府管理能力提出了更高的要求,光靠领导"拍脑袋"无法实现问题的最优解决,因此国家的决策咨询机构发展得到了政府机构和社会各界的高度关注,获得了前所未有的机遇。

"中共中央在 2004 年发布了《关于进一步繁荣哲学社会科学的意见》，其中首次明确提出要将哲学社会科学界打造成为党和政府工作的思想库和智囊团。"①这也是首次将决策咨询的作用和地位在中央相关文件中予以明确。2007 年，党的十七大报告中再一次指出，要鼓励社会科学界发挥思想库的作用。十八届三中全会，决策咨询更加清晰地出现在中央文件中，"决议中指出加强中国特色新型智库建设，建立健全决策咨询制度。"②"中共中央办公厅和国务院办公厅在 2015 年联合印发了《关于加强中国特色新型智库建设的意见》"③，其中明确提出要深层次发挥决策咨询机构在咨政建言、理论创新、舆论引导、社会服务和公共外交等方面的作用。在这一背景下，中国的新型决策咨询机构在数量上获得了跨越式增长，在功能上也实现了稳定性发展。

在计算机信息技术、网络技术以及各类新科技大量涌现和广泛应用的背景下，决策咨询机构，一方面借助新科技的发展为自身功能发挥提供新基础和新动力，另一方面利用自身人才、科技以及社会资源等方面的优势，充分发挥自身功能，推动和促进社会和经济的发展。在功能稳定发展阶段，决策咨询机构延续了提供专业知识思想生产、提供决策方案、培养专业人才等功能，也结合时代特色和现实需求，对功能内涵和外延进行全新的塑造。例如，在提供专业知识思想的功能上，从认知型知识到探索型知识，再到应用型知识，传统决策咨询机构也在不同的社会背景下将关注点置于不同类型的知识提供。在新时期下，现代决策咨询机构更强调创新型知识的生产和传播，以新知识、新思想和新观念影响政府决策。同时，政府决策咨询机构的功能也根据形势发展要求以及自身发展不断成熟的环境拓展了新功能。例如，现在的部分决策咨询机构已不仅仅是提供咨询服务的组织，更成为链接政产学研商的纽带，搭建起了经济、政治、知识和文化的交流桥梁。在一些官方不便出面或需要避免过浓政治色彩的活动中，为促进沟通交流，决策

① 王厚全.智库演化论：历史、功能与动力的三维诠释[D].中共中央党校,2016：195.
② 汪锋.提升我国高校智库决策影响力的制度设计：基于制度经济学视角[J].高教探索,2016(10)：37-42.
③ 王健.论中国智库发展的现状、问题及改革重点[J].新疆师范大学学报(哲学社会科学版),2015(4)：29-34.

咨询机构也往往发挥了关键性作用,有力地推进官方行动的顺利实施。决策咨询机构还利用自身的人才优势、资源优势,将各类研究工作与产业创新、行业发展和市场拓展等充分结合起来,实现研究成果的效益最优化和产业市场的效益最大化。

第三节　综 合 分 析

一、决策咨询机构功能塑造路径特点

在梳理决策咨询机构功能发展历史、对比中外决策咨询机构在不同阶段的功能塑造背景和状况后,可以看到决策咨询机构发展脉络中的共同特点。

首先,决策咨询机构功能塑造与当前的时代背景紧密相关。决策咨询机构是为了解决人类社会中存在的公共关系、公共利益所引发的各类问题和矛盾,它紧紧地嵌入了政治、经济、外交、社会等各领域中,这也注定了决策咨询机构的功能塑造与其所处的时代背景有着密切联系,政治动力因素、经济动力因素、文化动力因素、科技动力因素等都在促使决策咨询机构功能的不断塑造。政治体制的完善程度、经济社会的发展水平、科学技术的积累状况、知识教育的传播情况等都直接影响了当时的决策咨询机构的各项功能的产生和发展。

其次,决策咨询机构功能塑造具有延续性和发展性。功能塑造在决策咨询机构发展的不同阶段都在持续性地发生,虽然在不同的时代背景下,决策咨询机构的功能都有新的发展,但究其本质可以看到,在多年的发展过程中决策咨询机构所发挥的主要功能基本是延续性发展,并在原有功能的基础上,根据当时历史背景而进行延展和创新发展,既在同一功能的内涵上进行拓展和调整,又同时延伸出新的功能以满足当时政治决策和社会服务的需求。

二、对当前中国决策咨询机构功能塑造的启示

(一)紧跟时代浪潮

中国决策咨询机构功能应紧紧围绕时代发展需要进行调整和优化,特

别是在中国特色社会主义建设过程中,在中华民族伟大复兴的重要时刻,要根据中国的国情特点,围绕中国改革发展的关键问题、热点问题提供决策咨询。同时,要主动学习和了解最新的思想知识、科学技术、时政热点等,以创新思维和前沿知识,塑造决策咨询机构的功能。

（二）学习先进经验

经过历史梳理可以看到,虽然决策咨询的出现和初期发展,中国与西方国家相差不多。但是在现代决策咨询机构的发展过程中,中国还是较西方国家发展缓慢。在组织建设、功能塑造等方面都存在一些不足。因此,在当前中国决策咨询机构功能塑造时,应避免闭门造车,要主动向西方国家先进的决策咨询机构学习,深入分析其他国家决策咨询机构的功能构成及其深层次内涵,择其善者而从之,其不善者而改之。

（三）加强广泛合作和联络

虽然决策咨询机构的发展与各国独特的国情有关,但将其放置于历史长河中可以看到,不同政治环境、人文背景下的决策咨询机构依旧有着很多的相同点,也有着各自的优势。基于此,在中国决策咨询机构功能塑造过程中,要坚持开放的思路,加强与其他决策咨询机构的合作,实现资源共享,更要达成双赢。另外,决策咨询机构不是完全独立封闭的组织,它的功能塑造也与政府机构、社会组织、经济团体等有联系,要营造良好的发展氛围、和谐的发展关系以及紧密相通的合作平台,以此来促进决策咨询机构功能的优化。

（四）注重人才培养

可以看到,决策咨询机构的功能发挥质量完全依赖于相关工作人员的综合能力,可以说,一个决策咨询机构的水平直接受制于它所拥有的研究人员的能力,因此,中国决策咨询机构功能塑造也离不开人才的支持。对决策咨询机构本身来说,必须拥有一批高水平、学有专长的专业人士从事相关研究咨询工作,管理决策咨询机构工作中的相关政策,并配套相应的扶持措施,鼓励专业队伍的建立。以此更好地做好功能塑造,促使决策咨询机构在国内外重大事务中发挥积极作用。

第二章
中国决策咨询机构功能塑造现状

结构功能主义认为,社会系统由经济系统、政治系统、社会共同体系统以及文化模式托管系统四个子系统构成,并由于各个子系统之间的相互联系实现了系统的结构化。而系统结构的稳定性则是由适应、达鹄、整合、维模四种功能来支持。本章通过实证分析,从"四个系统"的维度探知我国决策咨询机构功能塑造的现状及问题。本研究所需的实证材料获取主要来自问卷调查、访谈和文献收集三个途径。

第一节 数 据 收 集

一、数据来源

本书通过问卷调查法,在我国东、中、西部 13 个省份(自治区/直辖市)进行了抽样调查,旨在研究影响机构功能的因素及相关系统运行情况。此次调查共回收有效问卷 1 330 份。

调查所用问卷采用封闭式问卷形式,以单项选择和多项选择题组合构成。问卷主要分为三个部分:第一部分为答卷人基本情况,主要包括受调查者的性别、年龄、职业和受教育程度;第二部分为受调查者对决策咨询机构的基本认识和评价;第三部分为决策咨询机构功能塑造的影响因素。具体的问卷内容见书后附录。

由于本研究论题的特殊性，为保证大部分受调查者对决策咨询机构发展现状及运行模式有一定的了解，本次调查并没有使用完全随机抽样，而是在选定的 13 个省市中，主要针对政府公务员、高校相关专业的教师以及研究生进行了问卷调查，以期得到更为确切而真实的评价。

二、样本变量分布特征的统计描述

本研究共回收有效问卷 1 330 份，以下是样本变量分布特征的统计描述。

（一）样本的地域分布

此次调查的样本覆盖全国 13 个省（自治区、直辖市），包括上海、北京、天津、江苏、浙江、山东、福建、广东、湖北、安徽、广西、四川、宁夏。具体的样本分布情况如表 2.1 所示。

表 2.1　样本的地域分布

省（自治区、直辖市）	频　率	占比/%
北京	135	10.1
江苏	176	13.2
上海	233	17.5
宁夏	29	2.2
山东	200	15.0
浙江	55	4.1
安徽	24	1.8
广西	46	3.5
四川	66	5.0
天津	57	4.3
福建	89	6.7

（续表）

省（自治区、直辖市）	频 率	占比/%
广东	37	2.8
湖北	183	13.8
总计	1 330	100

（二）样本的性别和年龄分布

在样本的性别分布方面，男性样本 668 人，女性样本 662 人，基本持平（见表2.2）。在年龄方面，受调查者以 18～30 周岁以及 31～40 周岁两个年龄段为主，二者共计 944 人，占比 71%（见表2.3）。

表 2.2　样本的性别比例

性 别	频 率	占比/%
男	668	50.2
女	662	49.8
总计	1 330	100

表 2.3　样本的年龄分布

年 龄	频 率	占比/%
18～30 岁	577	43.4
31～40 岁	367	27.6
41～50 岁	256	19.2
51～60 岁	122	9.2
60 岁以上	8	0.6
总计	1 330	100

（三）样本的职业分布

前文提到，为配合此次调查研究的特殊性，本次调查并没有使用完全随机抽样，而是在选定的 13 个省市中，主要针对政府公务员、高校相关专业的教师以及研究生进行了问卷调查。其中公务员 296 人，占比 22.3%；相关专业的高校教师 177 人，占比 13.3%；相关专业（行政管理等社会科学专业）在校研究生 391 人，占比 29.4%。表 2.4 为样本职业分布的具体情况。

表 2.4　样本的职业分布

职　业	频　率	占比/%
公务员	296	22.3
专业技术人员（教师、律师、医生等）	177	13.3
企/事业单位员工	365	27.4
商业、服务人员	12	0.9
农、林、牧、渔、水利业生产人员	16	1.2
生产、运输设备操作人员及有关人员	9	0.7
军人、警察等特殊行业	23	1.7
在校研究生	391	29.4
自由职业者	34	2.6
其他	7	0.5
总计	1 330	100

（四）样本的受教育程度分布

在样本的受教育程度方面，主要集中于大学本科及研究生学历，二者合计占比 94.2%（见表 2.5）。

（五）受调查者对我国决策咨询机构发展状况的了解程度

由表 2.6 可见，大部分受调查者对当下我国决策咨询机构的发展状况均有一定程度的了解，为本研究的调查结论提供了一定的信度。

表 2.5　样本的受教育程度

受教育程度	频　率	占比/%
高中及以下	77	5.8
大学本科(专科)	715	53.8
硕士及以上	538	40.4
总计	1 330	100

表 2.6　您对我国决策咨询机构(思想库/决策咨询机构)发展状况的了解程度为?

了　解　程　度	频　率	占比/%
十分了解	24	1.8
比较了解	188	14.1
一般了解	578	43.5
比较不了解	352	26.5
完全不了解	188	14.1
总计	1 330	100

第二节　当下中国决策咨询机构功能塑造现状的实证考察

　　本书通过问卷调查法,对我国东、中、西部 13 个省份(自治区、直辖市)进行了抽样调查,旨在研究影响机构功能的因素及相关系统运行情况。

一、决策咨询机构现状的实证分析

　　首先,通过调查问卷中的 C1"您对近年来我国决策咨询机构发展状况的总体评价是?"得出受调查者对于决策咨询机构发展状况的基本评价。由表 2.7 可知,绝大多数受访者均对近年来我国决策咨询机构的发展给予了正面的评价,认为"完全没有进步"的仅有 31 人,占比 2.4%;认为"有较大进步,同时存在问题和困境"的受访者最多,为 543 人,占比 40.8%;相比之下,较为悲观地认为"仅有一定程度的进步,但许多根本性的问题和缺陷没有改进"的人数为 455,占比 34.2%。可见,对于决策咨询机构发展现状的评价集中于中间选项,认为"有重大进步,实现了根本改观"和"完全没有进步"的受访者合计占比仅有 8.7%。更多的受调查者在肯定了我国决策咨询机构在近年来取得的发展和进步的同时也认为其存在一定程度的问题和困境。

表 2.7 您对近年来我国决策咨询机构发展状况的总体评价是

总 体 评 价	频 率	占比/%
有重大进步,实现了根本改观	84	6.3
有较大进步,同时存在问题与困境	543	40.8
仅有一定程度的进步,但许多根本性的问题和缺陷没有改进	455	34.2
完全没有进步	31	2.4
不了解	217	16.3
总计	1 330	100

决策咨询机构发展中出现的问题主要体现在以下几个方面。

第一,决策咨询意识较弱。虽然政策咨询工作一直受到我国政府的重视,始终明确重大事件、重大决策的科学化、民主化的要求,并且每年都召开一次全国性的政策咨询工作会议。但是,相当一部分地方和部门,尤其是基层部门对政策咨询工作的重视程度仍有欠缺,随着机构改革和部门调整的步伐不断加快,决策咨询机构的撤销、合并、更改频繁发生。在此过程中,决策咨询机构的从业人员对组织的发展缺乏信心。在一些组织中,决策咨询人员被当作"救火队员",哪里缺人就去补。更有甚者,政策咨询人员被一些领导干部当作秘书班子用,打电话、发通知、起草文件或讲话稿,甚至忙于会务等。决策咨询机构设立的初衷,是给政策制定者提供咨询意见,而这些乱象,都从根本上违背了这一初衷。

第二,决策咨询水平偏低。我国的决策咨询机构经过数十年的发展,虽然在社会经济等各个方面都取得了一定的成绩,为经济发展和社会治理提供了多方面的良好建议,但总体而言,决策咨询机构在整个政府决策过程中发挥的作用仍十分有限,究其原因,主要是咨询工作水平不能满足决策层的需求,许多课题脱离实际,还是空谈作者的理念和看法,这就导致很多对策建议往往大而化之,人云亦云,无法解决实际问题,或者虽然有一定的理论和现实意义,在实际操作层面上,却缺乏可行性,从而无法为具体的决策过程做出应有的贡献。此类问题如不能很好地解决,决策咨询机构的社会地位就难以得到提高,更难以得到决策层的认可和信赖。

第三,决策咨询方法有待改进。纵观全球,决策咨询业发展到今天,已经成为一项技术性很强的工作,特别是随着现代信息技术的发展和普及,决策咨询已然与最先进的数据分析和信息处理技术结合在一起。而反观当下我国决策咨询机构所使用的研究工具和方法,依然是以定性分析为主,而有大数据支撑的定量分析较少,与先进的技术和方法的发展方向严重脱节。这一方面是由于21世纪初我国的信息资源开发利用起步较晚,发展不充分,信息的社会化程度不高。另一方面由于我国的咨询业处于严重分散状态,缺乏将各类数据资源进行整合的统一因素,我国目前为数不多的公开数据库中,又以自然科学为主,缺乏人文社会科学的数据库。在数据资源上看,与国外发达国家和地区相比,无论是规模还是数量都远远不足。

第四,决策咨询机构类型单一。目前我国决策咨询机构的类型缺乏多样性,特别是在公共决策领域,能够参与其中的决策咨询机构仍以官方咨询机构为主,鲜有半官方或民间机构的身影,即便有非官方决策咨询机构参与其中,在整个决策过程中所起到的作用也是十分有限的。这与国外的决策咨询行业形成了鲜明的对比,西方发达国家中,官办、民办智库各司其职,民间决策咨询机构在社会发展的各个方面都能够展现其影响力,如美国的兰德公司、英国的伦敦国际战略研究所等,均能对本国政策制定和政府战略产生重大的甚至是决定性的影响。决策咨询机构的数量和质量,是衡量一个社会发达水平的重要标准,我国政策咨询机构单一的状况,制约了决策咨询业的发展。

二、决策咨询机构面临的困境

当下我国决策咨询机构的发展面临诸多困境,从调查统计的结果来看,通过定义多重响应变量集,多项选择题"您认为当前中国决策咨询机构功能塑造中的主要问题和困境在于?"的结果能够反映出受访者对于四类政策咨询机构功能塑造中存在的问题和困境的认同程度。由表 2.8 可知,政策咨询功能较弱(29.4%)和政策评估功能虚化(29.0%)是决策咨询机构当下的主要问题。

表 2.8　当前中国决策咨询机构功能塑造中的主要问题和困境在于

	响　应	
	个案数	占比/%
政策咨询功能较弱	869	29.4
政策教育功能不足	690	23.4
政策评估功能虚化	855	29.0
人才聚集功能缺失	518	17.5
其他	20	0.7
总计	2 952	100

(一)咨询缺乏客观性和全面性

首先,政府决策咨询机构的研究咨询结果缺乏客观性。这在体制内的决策咨询机构体现得尤为明显,在部分官方决策咨询机构或半官方决策咨询机构中,政府决策咨询机构人员除了要承担决策咨询的职能,还需要承担一些行政、宣传等工作,使得决策咨询人员没有足够的时间和精力来从事其主业。从个人发展的角度看,由于决策咨询人员本身公务员或事业单位人员的身份,导致在履行政策咨询的本职义务时,既要考虑到其研究结论是否会损害本部门的利益,又要考虑研究结果是否会与上级的利益产生冲突。最终的结果就是使得整个决策研究结果受到各类外界因素的影响,而无法单纯地从政策目的和实现方法的本质出发,使得整个研究结果与实际情况往往存在一定偏差,最终缺乏必要的客观性。

其次,政府决策咨询机构咨询结果缺乏全面性。该问题主要集中于体制外的政府决策咨询机构,尤其是民间决策咨询机构。体制外决策咨询机构较体制内决策咨询机构并不拥有充足的人力、物力和财力。人力方面,体制外决策咨询机构学术水平相对较低,人员知识结构也相对单一,大部分决策咨询人员对定性研究较为熟悉,而对定量研究极少接触,即使懂得定量研究也缺乏足够强大的团队来支撑整个研究。物力方面,体制外决策咨询机构缺乏现代信息技术和设备的投入,如今的政府决策咨询已经不仅仅依靠人脑的智慧可以完全达到了,信息技术和设备是保证决策咨询结果具备准确性和全面性的重要一环,而体制外决策咨询机构由于成本的考虑,不得不在硬件提供上缩减成本,使得硬件水平无法与体制内决策咨询机构相比。财力方面,缺乏持续性的资金投入是体制外决策咨询机构始终不得不面临的问题,而决策咨询又离不开长期资金投入,这必然制约着体制外决策咨询机构在政策咨询方面的突破。由于存在多方面的缺失,必然导致在决策咨询过程中体制外决策咨询机构无法进行系统的调研并获得准确和完整的数据,从而使得最终的决策咨询结果缺乏全面性。

(二)决策咨询评估结果存在的问题

政府决策咨询机构在政策评估中具有不可替代的作用。实践中政府决策咨询机构的评估功能也存在多方面的问题,主要表现如下。

首先,在政策评估方面报喜不报忧。由于以政府为公共权力核心的社会管理体制长期存在,所以无论体制内还是体制外政府决策咨询机构都不可能独立于政府之外进行政策评估工作。因此,对于已经提出或已经实施的政策,部分决策咨询机构研究者会只关注待评估决策的成效,而主动弱化甚至忽视决策过程和结果中可能存在的缺陷和不足,使得大量已经被研究者发现的决策失误并未被指出,而是任由其发展,最终导致决策失误,相关的公共政策也未能取得预期的效果。

其次，评估不深入、不彻底。一些决策咨询机构不具备决策评估的能力和条件，却仍然承担着决策评估的任务，能力与决策咨询资质不匹配，使得其在决策过程中无法达到政策评估所需要的预期效果，造成诸如信息收集不够全面、数据处理不够科学、研究结论不够合理等现象，而直接影响到最终的政策评估结果。除此以外，一些体制内决策咨询机构的工作人员存在严重的态度问题，人浮于事，导致其在评估工作中流于形式，缺乏批判和钻研精神。

最后，决策评估过于依赖主观臆测，将主观的判断完全替代客观实证性的研究，对于自己主观无法判断的问题才利用一手信息和数据进行证实，而更多的评估工作仅仅依靠经验的判断，完全脱离了科学的研究方法。在整个评估过程中，也不善于听取相关的研究建议，完全将个人的经验当作整个政策评估的唯一标准。

（三）政府决策咨询机构人才储备功能中存在的问题

1. 缺乏组织功能设计

前文提到，决策咨询机构的功能应该包括生产政策理念和提供政策建议功能、对公共政策的监督和评估功能、人才储备和培养功能、政策的宣传和教育功能以及"桥梁"功能，而目前决策咨询机构在决策流程中的地位和性质，使得无论是决策者还是从业人员，都仅仅关注其"提供政策建议"的功能，而在对组织功能进行设计时，缺乏对其他四类功能的关注。这是对决策咨询机构功能的狭隘理解，使得我国决策咨询机构的组织功能多有"先天不足"的问题，即在组织建立以及功能设计之始，就没有对决策咨询机构应有的作用给予合理的定位，决策咨询机构运行之后的功能发挥自然也会受制于此，造成了功能发挥的不足。

2. 知识结构单一

受到社会专业化分工和高校学科划分的影响，我国决策咨询机构人员的专业背景呈现明显的单一化趋势。在人才引进的标准上，过多地注重专业学科背景，使得新进人才的知识结构趋于相似，缺乏多学科交叉整合的能力。按照学科划分，我国现有的决策咨询机构可分为人文社科、自然科学、工程研究、管理咨询以及军事战略等五类,学科的细化和专业性特征明显,但在面对复杂多变的社会问题时,凸显出当前决策咨询机构的综合性不足,往往只能从自身专业的角度来切入剖析问题,而无法以整体的、全局的视野来审视问题的全貌。同时,在研究人员的引进上,专业化的趋势也十分明显,各类决策咨询机构在引进人才时,均以主攻学科领域的专业人才为主,例如中国科学院的研究人员绝大多数是自然科学专业背景,而中国社科院的研究人员则是以社会科学专业背景为主。就个人而言,研究员多数只是拥有单一学历背景,跨学科背景的研究人员较少,而在决策咨询机构中更是少见。知识结构的单一化,一方面制约了决策咨询机构功能发挥的效果,另一方面也导致了一定的社会资源浪费。

3. 人员配备不合理

"组织活动的根本是人的活动,良好的组织结构和人员配置能够更好地达成组织目标"。[①] 政府决策咨询机构是智力的集散地,但是只有将合适的人才放置在适当的位置,才能充分发挥其最大的优势和作用,组织的功能与目标才能得以实现。各类人才的有效配置是提升决策咨询机构竞争力的有力手段。政府决策咨询机构通常由研究人员和辅助人员组成。而当下我国决策咨询机构人员配备中存在研究人员过剩、辅助人员不足的情况。研究人员主要负责政策的研究和政策建议的提出,而辅助人员则是为了帮助研究人员更好地发挥其职能,其主要职责包括材料整理、机构宣传、数据管理以及档案管理等任务。我国的体制内决策咨询人员大多为公务员,因此研究人员除了研究工作外,有时不得不承担大量事务性的日常行政工作,使得真正使用在政策研究上的时间十分有限。而决策咨询需要花费大量时间和专注度才能够获得成功的工作,任何一点缺失都可能直接影响研究结果的科学性。研究辅助人员的工作实则也是需要具备很强的专业能力,外领域的研究人才并不能完全胜任研究辅助人员的工作。例如美国的胡佛研究所,每年花费大量成本进行研究辅助人员的招募和培训。

此外,我国政府决策咨询机构的人员结构相对固化,而多元化的人员结

---

① 王建民,周滨.资本中的人力资本[J].财经问题研究,1999(3):23-25.

构是提升政府决策咨询机构研究能力和研究质量的重要途径。相比以美国为首的决策咨询机构发达国家所采用的"旋转门"机制,我国政府决策咨询机构的人员结构模式则显得不够灵活多变,政府官员和政府决策咨询机构人员,尤其是体制外的决策咨询人员间的流通较少,缺少进入政府参与决策的平台。由于大量政府决策咨询机构人员缺少政府决策的实践经验,使得更多的政策只能建立在理论分析上。而政府官员进入政府决策咨询机构的模式也是以退休官员的身份进入居多,对决策咨询机构的帮助也是具有阶段性的。由于退休后长期远离政府决策的核心地带,所以无法对最新的政策进行即时和准确的掌握。

4. 人员流动不顺畅

当前我国政府决策咨询机构与政府部门之间存在着一定的人员流动机制,例如行政体制内的挂职锻炼、干部轮岗等,但是这种短期的以完成任务为导向的体验式挂职锻炼和轮岗,并非真正意义上的人员流动,其规模和频率都十分有限,对于促进政府部门与决策咨询机构的相互了解和互动发展所起到的积极作用并不大。

第三节　决策咨询机构功能塑造中存在的问题

本研究将决策咨询机构的功能塑造理解为一个社会系统,由 4 个子系统来实现和维持其功能的发挥。四个子系统分别为经济系统、政治系统、社会共同体系统和文化模式托管系统,分别对应 4 种功能:其一,适应。使系统在适应内外部环境的同时通过与环境的联结和互动,获取和分配资源。其二,达鹄。明确系统的目标并且将目标进行分解、细化,向组织成员阐明实现目标的方法和流程。其三,整合。使组织中的各个部门按照一定的逻辑秩序联结起来,形成具有特定功能的统一体。其四,维模。维持组织的基本结构和共同价值观的稳定发展。

政府决策咨询机构的发展在全球范围内已成为当今越发受到关注的问

题。中国的决策咨询机构单从数量上已处于国际领先地位,"据美国宾夕法尼亚大学 2014 年初发布的《2013 年全球决策咨询机构报告》,2013 年全球共有决策咨询机构 6 826 个,其中中国决策咨询机构数量 426 个,是 2008 年(74 个)数量的近 6 倍,位居全球第二,仅次于美国。"[①]虽然中国的决策咨询机构比较过去已经有了相当程度的发展,但是仍有一些不可忽视的问题。《2009—2010 年度全国软科学研究机构统计调查报告》指出:"截至 2010 年年底,中国共有软科学研究机构 2 408 家。"[②]表明国内有关决策咨询机构数量的统计与国外权威数据统计存在较大出入,虽然其中存在一定程度由于评价标准不统一导致的数据误差,但更大程度的原因在于中国大量决策咨询机构并未发挥应有的功能,难以得到国内外社会的认可,中国的决策咨询机构存在严重的量多而不精的现状,其主要问题包括适应功能缺失、达鹄功能虚化、整合功能不足、维模功能较弱。

一、经济系统功能不足

经济系统主要发挥的是决策咨询机构的适应功能,即获取信息资源的能力,当前我国决策咨询机构适应功能缺失主要表现为技术手段相对落后以及获取信息资源的渠道不畅两方面。

(一)技术手段相对落后

政府决策咨询机构陈旧的研究方法和落后的研究技术是造成适应功能不足的原因,深入分析这些原因可以帮助决策咨询机构找到问题的根源,提高政府决策咨询机构功能发挥的效率和质量。陈旧的研究方法阻碍政府决策咨询机构研究成果的质量。"国内对于政府决策咨询机构的研究多集中在决策咨询机构知识管理、知识库构建、机构制度、运行方式等方面,对决策咨询机构研究中所用的定量研究方法分析较少。"[③]相比传统的定性研究方法,定量研究可以更客观地利用数据支撑其研究结论。从某种角度来看,定

---

①　高振强.地方高校决策咨询机构的属性及其发展策略[J].高教发展与评估,2014(3):37-51.
②　徐晓虎,胡庆平.从最新《全球决策咨询机构调查报告》看中国决策咨询机构的发展[J].当代世界与社会主义,2012(2):115-116.
③　张军,周磊,慕慧鸽.国际权威机构定量研究方法进展与趋势[J].图书情报工作,2015(7):132-146.

量研究相比定性研究更具说服力,虽然其也存在一定的局限性。例如数据不具代表性、问卷信息不准确、研究成本过高等等。这些问题将会不同程度地影响定量研究的质量。但不可否认的是,定量研究确实能够解决相当一部分定性研究难以应对的问题。目前我国决策咨询机构的研究人员已逐渐意识到定量研究方法的重要性,但从现有研究成果的属性来看,定性研究仍占据主流位置,一些前沿的、先进的定量分析技术和方法并未得到广泛应用。

（二）获取信息资源的渠道不畅

在决策咨询机构进行信息获取的过程中,信息渠道对信息获取成果的数量、质量有着极其重要的影响,特别是想要获取可用的、高质量的信息资源,就必须研究其渠道因素。信息获取渠道影响最为核心,政府决策咨询机构应充分利用官方渠道,同时尽可能开拓非官方渠道来获取不同类型的信息,从而保证信息获取的广泛性。

官方信息获取渠道和非官方信息渠道在信息获取上有着各自的优势和不足。官方渠道在信息获取上具备更高的权威性和准确性。首先,由于官方渠道所获得的信息都经过政府认证,而政府又具备足够的权威性,所以官方渠道所获取的信息必然在认可度和安全性上有所保障。其次,由于官方渠道所获取的信息通常经过国家验证和审查,需要经过国家认可后才能予以发布,因此信息内容在准确性上得到一定保证。然而,官方渠道受体制因素影响较多,自然在信息获取上也有其局限性,由于政府决策过程需要经过一整套较为缜密的流程,所以作为决策信息主要来源的官方渠道自然需要通过反复的审核流程来确保官方信息的可靠性,但这无形中降低了信息的新鲜度,使得一些原本可以对决策咨询提供大量帮助的信息由于缺乏时效性丧失了原有的价值。而非官方渠道所获得的信息与官方渠道相比,除了更具时效性外,信息获取渠道也更为丰富。因为,我国官方渠道在信息挑选上受相关监督部门监管,使得一些与我国主流思想相违背的信息会在信息监管中被舍弃,所以可供选择的官方渠道较为单一。而非官方信息获取渠道由于限制相对较少,独立性更强,所以信息获取渠道也更为多元化。当然非官方信息获取渠道在权威性、准确性和科学性方面也与官方渠道仍然存在较大的差距。

二、政治系统功能虚化

政治系统主要对应决策咨询机构的达鹄功能,指向其实现咨询目标的能力。对于决策咨询机构而言,其主要目标无疑是为公共决策提供科学、合理的建议,实现其咨询本义。而当下我国决策咨询机构达鹄功能虚化问题凸显,主要体现在以下三个方面。

（一）在政策咨询功能方面

（1）咨询结果缺乏客观性。政府决策咨询机构的研究咨询结果缺乏客观性是长期存在的问题,尤其是体制内决策咨询机构。体制内政府决策咨询机构主要指一些官方决策咨询机构和部分半官方决策咨询机构,当今中国体制内的政府决策咨询机构人员除了要承担决策咨询的职能,还需要承担一些文秘、宣传等工作,从而导致决策咨询人员没有充分的时间进行政策研究。另外,从个人发展的角度,由于其本身国家公务员或国家事业单位人员的身份导致在履行政策咨询的本职义务时显得畏首畏尾,既要考虑到其政策咨询所产生的研究结果是否会损害所在部门利益,又要考虑研究结果是否会与领导的利益产生冲突。最终的结果就会导致整个决策研究结果必须同时包容并存各类因素,无法单纯地从政策研究的本质出发,使得整个研究结果与实际结果存在一定偏差,缺乏必要的客观性。

（2）咨询结果缺乏全面性。政府决策咨询机构在咨询过程中存在的另一个问题则是咨询结果缺乏全面性,该问题主要集中于体制外的政府决策咨询机构,尤其是民间决策咨询机构。体制外决策咨询机构较体制内决策咨询机构并不拥有充足的人力、物力和财力。人力方面,体制外决策咨询机构学术水平相对较低,人员知识结构也相对单一,大部分决策咨询人员对定性研究较为熟悉,而对定量研究极少接触,即使懂得定量研究也缺乏足够强大的团队来支撑整个研究。物力方面,体制外决策咨询机构缺乏现代信息技术和设备的投入,如今的政府决策咨询已经不仅仅依靠人脑的智慧可以完全达到了,信息技术和设备是保证决策咨询结果具备准确性和全面性的重要一环,而体制外决策咨询机构由于成本的考虑,不得不在硬件提供上缩减成本，使得硬件水平无法与体制内决策咨询机构相比。财力方面，缺乏持续性的资金投入是体制外决策咨询机构始终不得不面临的问题，而决策咨询又离不开长期资金投入，这必然制约着体制外决策咨询机构在政策咨询方面突破。由于存在多方面的缺失，必然导致在决策咨询过程中体制外决策咨询机构无法进行系统的调研并获得准确和完整数据，从而使得最终的决策咨询结果缺乏全面性。

（二）在政策教育功能方面

政府决策咨询机构除了需要具备自身的咨询功能外，还应当具备一定的政策教育功能。"政府决策咨询机构的政策教育功能是基于政府决策咨询机构的政策知识和政策技能而对政府决策咨询机构以外的社会群体或个人进行政策知识阐释、政策技能普及的行为。"[①]政策教育的短期目的是进行政策思想宣传，而长期目的或者说根本目的则是提升受教育者的政策咨询意识和能力。这里受教育对象既包括一般公众，也包括政策制定者，针对二者的政策教育方法和工具是有所区别的，在实践中政策咨询机构在对两类受教育者进行政策教育的时候面临诸多困境。

政策教育作为社会教育的组成部分，反映的是政策制定和执行者对社会公众认知和认可度的需求，教育一方面规定了教育主体的功能，另一个方面也规定了教育过程中的规范和标准。政策教育也具备一定的教育功能，同时也必须遵从这些规范和标准。政府决策咨询机构的政策教育功能是基于政府决策咨询机构的政策知识和政策技能而对政府决策咨询机构以外的社会群体或个人进行政策知识阐释、政策技能普及的行为。政策教育建立在具有丰富的政策知识和政策技能的基础上，这是其他大多数社会机构难以企及的。

（三）在政策评估方面

政府决策的复杂性和多样性决定了政策评估的重要性。政府决策咨询机构在政策评估中具有不可替代的作用。实践中政府决策咨询机构的评估功能主要存在以下几点问题。

---

① 傅广宛，王娟.试论政府决策咨询机构的政策教育功能[J].河南师范大学学报，2012(7)：39－43.

（1）我国政府决策咨询机构在评估方面存在报喜不报忧的现象。由于体制原因，无论体制内还是体制外政府决策咨询机构都与政府存在千丝万缕的联系。因此，对于决策者计划提出或已经实施的决策内容，部分决策咨询机构研究者会只关注待评估决策的优点，而弱化甚至忽视决策内容存在的问题，许多已经被研究者发现的决策失误并未被指出，而是任由其发展，最终损害了公共利益。

（2）我国决策咨询机构还存在评估不够深入、彻底的问题。一些决策咨询机构不具备决策评估的条件却仍然承担着决策评估的任务，必然使得其在决策过程中无法达到评估所需要的预期效果，造成调研过程中信息收集不够全面，直接影响最终的评估结果。除此以外，一些体制内决策咨询机构的工作人员，由于在我国的特殊体制下存在严重的态度问题，人浮于事，导致其在评估工作中流于形式，缺乏钻研精神。

（3）决策评估过于依赖主观臆测，将主观的判断完全替代客观实证性的研究，对于自己主观无法判断的问题才利用一手信息和数据进行证实，而更多的评估工作仅仅依靠经验的判断，完全脱离了科学的研究方法。另外，在整个评估过程中，也不善于听取相关的研究建议，完全将个人的经验当作整个政策评估的唯一标准。

三、社会共同体系统功能缺失

社会共同体系统的功能主要体现为协调组织运作的能力，当下中国决策咨询机构整合功能缺失具体表现

（一）组织内部运作模式陈旧、僵化

政府决策咨询机构的运作模式就是其在运转过程中与政府之间连续地交流各种知识（信息、数据），同时双方连续发生知识转移和知识整合的过程。而我国政府决策咨询机构接受政府的知识转移以及向政府传输知识的过程都相对比较程序化，政府部门在决策前，需要通过官方政府决策咨询机构进行论证已成为一个必备流程，如地方政府在决策前必然会先咨询地方政研室的意见来体现该决策的可靠性和专业性。而由于体制原因，官方政府决策咨询机构又隶属于政府，使得决策咨询机构的政策建议很少会否定

决策者的预期观点。这与决策咨询最初存在的目的相违背。长年累月充当政府的"传声筒",使得政府决策咨询机构内部的研究热情和研究能力也有所下降,内部运作效率低下,逐渐沦为政府决策中可有可无的一环。而体制外决策咨询机构,由于长年得不到政府的青睐导致其无法真正参与到政府决策中去,使得其严重缺乏政府决策的经验。另外,体制外决策咨询机构缺乏政府资金支持,使得其不得不从成本和风险的角度考虑,不愿意花大量成本和时间开展价值较高的政策研究。体制内的政府决策咨询机构安于现状、不求发展,而体制外的政府决策咨询机构怯于成本、不敢有所突破。长此以往形成恶性循环,造成整个政府决策咨询体系无法发挥其本该具有的功能。

（二）组织间缺乏交流和联系

当下我国决策咨询机构之间的交流和联系仍十分有限,这在官方决策咨询机构和非官方决策咨询机构的联系上体现得尤其明显,无论是交流和频率还是层次,都较为匮乏。原因在于,相当一部分官方决策咨询机构都是在建国初期仿造苏联模式建立起来的,决策咨询机构纷纷设立于不同的政府部门,相互之间既没有竞争关系,也没有合作的动力,因此鲜有交流和沟通的渠道和机会。

20世纪90年代以来,随着改革开放的不断深入,各类社会组织开始发育壮大,以此为背景诞生了第一批民间决策咨询机构。这些民间决策咨询机构涉及的研究领域十分广泛,涵盖社会经济生活的方方面面,但是由于自身"体制外"的组织属性,其与官方决策咨询机构的交流与互动十分有限,而各类民间决策咨询机构之间由于专业分工和学科的专一性,又或者因为商业竞争的因素,很难有频繁的联系与合作。

无论是官方还是民间决策咨询机构,其核心价值均在于科学的政策研究与分析,为决策者出谋划策。在此过程中,二者在面对不同的客观问题时所起到的功能和效用是有所区别的,随着当下中国社会政策环境的复杂性和政策议题的多样性不断凸显,政府决策咨询机构与民间决策咨询机构应该通力合作,共同解决政策难题,并形成长效的合作机制,才是未来我国决策咨询机构发展的正确方向。其实无论是官方决策咨询机构还是民间决策咨询机构,都是跨领域和跨学科的人才思想交流平台。在思想的交流与融合中将具备知识性、实用性和专业性的政策研究成果嵌入整个社会结构中去。当今社会多变复杂的决策环境增加了政策制定的复杂性和多样性。很多时候仅仅依靠单一力量无法真正解决公共治理难题。因此,在这样的客观情况下更加迫切需要官方决策咨询机构与民间决策咨询机构合作,利用双方各自优势,从科学的角度看待问题,在政府决策中起到智囊作用。当今社会我国经济社会已经到了高速发展时期,发展的过程带来了挑战的同时也带来了难得的机遇。多学科跨领域的专家学者们可以有机会联合起来,共同攻关越发多样和复杂的决策难题。因此官方决策咨询机构与民间决策咨询机构的合作将为未来我国决策咨询实现专业化和系统化打开新局面。但是从目前的情况来看,无论是官方决策咨询机构还是社会决策咨询机构都不具备较强的合作意愿和合作条件,多数情况下他们之间所谓的合作更像是形式上的交流。而真正在面对实际的科学研究时往往还是采用自己熟悉的套路和模式,各自修行,分散了研究力量,从而无法真正形成研究合力,不但浪费了研究资源,也失去了双方合作的根本意义。

四、文化模式托管系统功能较弱

文化模式托管系统的功能表现为其保持组织结构稳定性的能力,一方面是组织结构的持续稳定,另一方面是人员组成的相对稳定。当下我国决策咨询机构在以上两方面的能力上均有所欠缺。

（一）组织结构的合理性与可持续性方面

我国政府决策咨询机构种类很多,大致可以分为三类:官方政府决策咨询、半官方政府决策咨询机构和民间政府决策咨询机构。我国政府决策咨询机构松散的组织架构使得不同种类的决策咨询机构往往依靠不同的研究力量,官方决策咨询机构主要依靠政府力量,借助政府的人力、物力和财力为研究提供保障;半官方决策咨询机构以高校决策咨询机构为主要代表,利用高校博士多、教授多和专家多的特点,大多从理论的角度开展政策研究;而民间政府决策咨询机构的生存更多借助于社会支持,借助更自由和更宽松的研究环境开展各类政府决策研究。由于依靠的主体不同,使得各政府决策咨询机构间合作研究的机会较少，大多处于单兵作战的状态，大量研究资源无法得到共享，重复研究的现象时有发生，造成大量的资源浪费。

我国政府决策咨询机构的职能设置也相当不合理，尤其是官方政府决策咨询机构拥有大量与政府重叠的职能，不但需要承担政策建议的提供、政策问题的解决以及政策方案的设计等本职工作，还不得不负担一些本该由政府完成的文秘和宣传工作。这样做的结果必然或多或少地削弱了其决策咨询的功能，使得大量本该花费大量时间开展的调研、学习和思考产生的政策建议被简单的经验分析所取代。职能设置的不合理还造成了政府决策咨询机构的研究行政化，研究人员无法找到自己正确的定位，政策建议的提出变得更加趋同于领导的想法，官僚气息严重，使得决策咨询机构沦为政府和领导的传声筒。

（二）人才流动与培养方面

由于决策咨询机构的地位被长期忽视，机构内人员的稳定性也较差。官方决策咨询机构，特别是基层决策咨询机构的人员普遍学历偏低，一些基层决策咨询机构甚至成为安置例如离退休干部等闲置人员的地方，如此一来，便形成恶性循环，优秀的人才纷纷为寻找更好的发展机会而离去，却有越来越多缺乏工作热情，更遑论提供合理决策支持的人员涌入，使得决策咨询机构的核心功能难以发挥。

与此同时，民间决策咨询机构由于发展程度较低，其机构地位、薪资水平、社会影响等方面的条件都很难吸引高素质人才前来就职，某些运行情况较好的民间决策咨询机构能够雇佣兼职的高水平专家，但这些高水平专家又很难将时间和精力更多地放在一个兼职岗位上，这就造成了如今民间决策咨询机构在人员组成稳定性上的困境。

另外，决策咨询机构对外部智力的挖掘和聚集还不够。现今我国高校有着大量的科研人才，高校教师经过长期的本专业领域的知识积累和技能培训，在相关领域有着一定的权威话语权，同时，由于高校的特殊氛围，其在科研方面具有一定的独立性和创造性，所以高校人才资源应该是决策咨询机构着重开发的领域。但是目前对高校人才资源的开发利用的程度仍十分有限，由于缺少决策咨询机构的"桥梁"作用，高校的研究成果往往只能停留于"纸上谈兵"的层面,而很难真正进入决策者的视野。在这种情况下,大量的高校资源闲置,而没有纳入政府的决策咨询过程中。

　　培养决策咨询人才就离不开完善的决策咨询机构人才管理模式。目前我国的决策咨询机构人才培养机制仍然存在人才的侧重培养和忽视培养的情况,使得整个人才培养模式缺乏科学化和系统化。因此对人才管理机制进行全面改革是提升决策咨询人才综合素质的必经之路。人才管理模式的完善应当从人才梯队建设着手。人才的培养具有一定层次性,一步到位的培养模式是难以为继的。人才梯队建设不但可以使人才的知识结构、经验结构和年龄结构达到均衡,还可以通过人才培养的传帮带效应加快中青年决策咨询人才融入和适应的速度,传承过去先进人才强大的知识、经验和精神财富。同时结合青年人自身具备的特点,提升决策咨询机构的创新能力。此外,决策咨询机构人才发展的长期规划也是相当重要的,长期规划可以帮助决策咨询机构留住人才、吸引人才并有效引导人才,通过重视个人的发展来达到壮大决策咨询机构人力队伍的作用。西方国家相当注重人才交流合作机制,大型机构成立自己的学院或研究院是一种比较普遍的做法。另外,为有志于政策咨询工作的年轻人提供"实习项目"。一般做法是招聘相关领域的大学生、研究生进入相关实习项目,可以派他们到政府部门、企业、大学或其他决策咨询机构进行实践。在提升自身研究能力的同时,通过在政府机构的工作中历练才干,获取宝贵的政府决策咨询经验。这样做可以帮助那些有潜质的研究人员将所学和实践相结合,不再仅仅将公共决策理论停留在书本,同时也避免信息的闭塞导致的社会资本匮乏。以那些知名决策咨询机构为例,"兰德公司把派研究人员去政府行政部门任职作为一种特殊的'进修';兰德公司和伦敦战略研究所还定期互派访问学者,野村综合研究所和斯坦福研究所等也经常进行人员交流。"[①]著名的美国"旋转门"机制为我国决策咨询机构人才交流合作提供了启发,虽然由于国情不同我国不必也无法照搬其旋转模式。但是可以适当效仿其中的共通的做法,根据各地区的特点通过访问、挂职和借调等形式实现人才的互动与交流。此外,建立

---

① 安淑新.国外决策咨询机构管理运行机制及对我国的启示[J].当代经济管理,2011(5):88-92.

人才奖惩机制也是人才管理模式中的重要一环,通过完善人才评价体系构建决策咨询机构内部的竞争、评估、激励和惩罚机制,激发决策咨询人才的主动性和积极性。综上所述,决策咨询机可以通过人才梯队建设、人才发展规划、人才交流合作机制和人才奖惩机制等方式优化人才管理机制,最终达到提升人才研究能力的目的。

第三章
造成问题的原因：基于结构方程模型的分析

本章将通过基于结构方程模型的分析，探究造成决策咨询机构功能塑造中各类问题的原因。结构方程模型是一种综合性统计方法，可用于评估多个变量之间的关系和影响，有助于理解各变量间潜在的因果关系。通过建立结构方程模型，可以揭示各个因素之间的相互作用，为当前决策咨询机构功能塑造中的困境和不足提供更深入的解释，进而为制定有针对性的应对策略提供指导和支持。

第一节　结构方程模型的建立

现有的决策咨询机构相关研究，大多使用简单的回归模型。这种线性回归模型只能描述变量间的直接影响效应。而实际上，根据前文的理论分析可知，当前决策咨询机构功能塑造问题的成因十分复杂，既有思想库外部的制度、政策、社会文化等环境的影响，也有组织内部的职能设置、管理模式等内因的作用，那么这些不同因素对决策咨询机构功能塑造的影响有多大？内、外因的影响程度是否存在差异？这些将是本章试图回答的问题。

一、建立结构方程模型的必要性和可行性

结构方程模型（SEM）能够同时检验多个变量间的关系，这一特点很适用于决策咨询机构功能塑造中问题的成因研究，通过结构方程模型分析内外因

素对决策咨询机构功能塑造的影响,有利于为改善和优化决策咨询机构的功能发挥提供合理依据。本书用于结构方程模型分析的软件为 AMOS 20.0。

二、模型的建立

要利用结构方程模型对决策咨询机构功能塑造的问题成因进行研究。首先根据已有的相关理论,对应问卷的 C 部分(见附录)将造成问题的外因(E)分为"思想库缺乏独立发挥功能的制度土壤""思想库功能塑造的知识基础匮乏""公民社会发育程度较低""决策咨询机构在公共决策过程中的定位存在偏差""研究方法与技术手段相对落后""决策咨询机构之间缺乏交流和联系"六个维度;将造成问题的内因(I)分为"组织架构不合理""职能设置不合理""运作模式陈旧,效率低下""人员管理方式落后""缺乏合理的奖惩制度""人员学历分布不合理""人员专业分布不合理"以及"决策咨询机构面对政策环境变化的反应力不足"八个维度,并编码如下。

E:外部原因

I:内部原因

e1=决策咨询机构缺乏独立发挥功能的制度土壤

e2=决策咨询机构功能塑造的物质基础匮乏

e3=公民社会发育程度较低

e4=决策咨询机构在公共决策过程中的定位存在偏差

e5=决策咨询机构的研究方法与技术手段相对落后

e6=决策咨询机构之间缺乏交流和联系

i1=决策咨询机构的组织架构不合理

i2=决策咨询机构内部的职能设置不合理

i3=决策咨询机构的运作模式陈旧、效率低下

i4=决策咨询机构现有的人员管理方式落后

i5=决策咨询机构缺乏合理的奖惩制度

i6=决策咨询机构人员学历分布不合理

i7=决策咨询机构人员专业分布不合理

i8=决策咨询机构面对政策环境变化的反应力不足

而决策咨询机构功能塑造情况（F）则由问卷中的 C1"您对近年来我国决策咨询机构发展状况的总体评价（E）"来赋值产生，即

3＝有重大进步，实现了根本改观

2＝有较大进步，同时存在问题与困境

1＝仅有一定程度的进步，但许多根本性的问题和缺陷没有改进

0＝完全没有进步，甚至倒退

根据以上假设，本书提出以下理论模型和测量模型（见图 3.1）

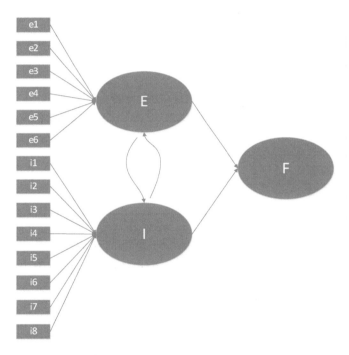

图 3.1 决策咨询机构功能假设的理论模型和测量模型

第二节 结构方程模型的运行及结果

一、信度和效度检验

信度是指测量工具的可靠性、一致性和稳定性，通常通过内部一致性来

考察测量工具的信度，内部一致性越高，则表明该测量工具的可靠性越强；反之，内部一致性越低，该工具的可靠性就越弱，信度也就越低。

本研究通过 Cronbach's Alpha 系数来检验结构方程模型的内部一致性，该系数的取值范围为 0 至 1。如果 α 值大于 0.8，表明内部一致性极好，该测量工具的信度很高；α 值大于 0.6，表示内部一致性较好，而 α 值低于 0.6 表示内部一致性较差，该工具的信度不足，不推荐使用作为测量工具。

本书采用 SPSS 20.0 检测数据的内部一致性。结果显示两个潜变量（内、外因）的 Cronbach's Alpha 系数均在 0.7 以上，内部因素的 α 值达到了 0.859，外部因素的 α 值为 0.731，总系数为 0.785（结果如表 3.1 所示）。说明本研究所使用的测量工具具有较好的内部一致性信度。

表 3.1　信度和效度检测

潜 变 量	可测变量数	Cronbach's Alpha
外部因素	6	0.731
内部因素	8	0.859

效度是指测量工具正确衡量出所要了解的对象属性的程度。结构方程模型一般通过模型系数评价结构效度。假设 SEM 中各个潜变量之间的关系是合理的，那么非标准化系数应当在统计意义上显著。从决策咨询机构功能塑造影响因素的结构方程路径系数估计的结果可以看出（见表 3.2），大多数非标准化系数均具有在 0.05 水平上的统计显著性，这说明模型的整体结构效度较好。

表 3.2　结构方程路径系数估计

因变量—自变量	未标准化系数估计	S.E.	C.R.	P	标准化路径估计
F←E	0.541	0.134	2.769	0.021	0.513**
F←I	0.367	0.079	2.369	0.017	0.325**

（续表）

因变量—自变量	未标准化系数估计	S.E.	C.R.	P	标准化路径估计
E←e1	0.458	0.173	3.175	0.044	0.432**
E←e2	0.731	0.198	3.071	0.003	0.710***
E←e3	0.542	0.093	7.231	0.002	0.423***
E←e4	0.351	0.054	0.438	0.041	0.286**
E←e5	0.389	0.034	3.546	0.275	0.356
E←e6	0.513	0.062	3.981	0.029	0.552**
I←i1	0.086	0.048	0.548	0.387	0.028
I←i2	0.375	0.034	4.926	0.077	0.334*
I←i3	0.457	0.036	6.736	0.034	0.483**
I←i4	0.265	0.025	5.334	0.043	0.327**
I←i5	0.365	0.206	4.567	0.263	0.312
I←i6	0.551	0.052	9.761	0.002	0.583***
I←i7	0.541	0.043	1.564	0.012	0.935***
I←i8	0.244	0.028	3.129	0.048	0.297**

二、各因素效应分解

如表3.3所示，由结构方程模型运行所得出的结果可知，影响因素的总效应为0.761，说明本研究所选择的各项指标能够较为准确地检验决策咨询机构功能塑造的各类影响因素之效应。具体而言，内、外因对于决策咨询机构功能塑造的制约均有贡献，而相对于内部原因（I），外部原因（E）对于决策咨询机构功能塑造的影响更大（总效应为0.426）。

表 3.3　效 应 分 解

因　　素		决策咨询机构功能发挥情况
影响因素	直接效应	0.761
	间接效应	
	总效应	0.761
外部因素	直接效应	0.337
	间接效应	0.089
	总效应	0.426
内部因素	直接效应	0.212
	间接效应	0.123
	（总效应）	0.335

　　外部原因（E）对 F 的贡献，标准化路径系数估计为 0.512，总效应 0.426，其中直接效应为 0.337。内部原因（I）对 F 的贡献，标准化路径系数估计为 0.325，总效应 0.335。总的看来，外部因素对决策咨询机构功能塑造的影响较大。这表明，相对于决策咨询机构自身的组织架构、运营水平等内部因素，外部因素（制度、物质基础、社会观念等）对其功能塑造的影响力更为显著，可见，对于决策咨询机构的发展而言，目前我国在制度和政策环境上仍有诸多值得改进的地方。

第三节　结果分析：外部因素

　　由结构方程模型分析得到的结果可知，在影响决策咨询机构功能塑造的外部因素中，决策咨询机构缺乏独立发挥功能的制度土壤（e1）、决策咨询机构功能塑造的物质基础匮乏（e2）、公民社会发育程度较低（e3）以及决策咨询机构之间缺乏交流和联系（e6）等四个因素的影响效果较为显著。本节将从这四个方面分析影响决策咨询机构功能塑造的外部原因。

一、制度因素：思想库缺乏独立发挥功能的制度土壤

制度因素(e1)的标准化路径估计值为 0.431,在所有的外部因素中位列第三,仅次于社会因素和环境因素。P 值为 0.045,表明其结果具有显著性。而对比表 3.4 中的问卷调查的结果可以看出,69.9%的被调查者对"决策咨询机构缺乏独立发挥功能的制度土壤"这一叙述持肯定意见(完全同意或比较同意),而仅有 1.2%的被调查者"完全不同意"这一论断。可见,从结构方程模型的效应估计和受调查者的主观感受两方面的结果都表明,制度因素对决策咨询机构功能塑造的影响较为显著。

表 3.4　决策咨询机构缺乏独立发挥功能的制度土壤

项　目	频　率	占比/%	累计占比/%
完全同意	222	16.7	69.9
比较同意	707	53.2	
一般	305	22.9	92.8
基本不同意	80	6.0	98.8
完全不同意	16	1.2	
总计	1 330	100	100

制度因素对于决策咨询机构的影响主要作用于决策咨询机构的独立性,独立性一直是影响决策咨询机构功能发挥的重要因素,相比国外决策咨询机构,中国的决策咨询机构独立性显得尤为不足,"在中国完全实现独立运作的决策咨询机构所占比例不会超过 5%"。① 而发达国家则更加重视决策咨询机构的独立性,尤其是如美国、德国和日本等政府决策咨询机构发展较为迅速的国家。美国的布鲁金斯学会通过多渠道的资金筹措机制、不依

---

① 王海明.中美决策咨询机构比较分析：独立性、"旋转门"与发展环境[J].广州公共管理论坛,2015
(3)：71-84.

附于任何政党的独立身份和在决策咨询领域的巨大影响力来保证其在美国两党制的复杂环境下,仍然能够做到相对独立地存在并保证其研究成果的质量。而我们的邻国日本,近年来也相当重视政府决策咨询机构的发展,虽然相较欧美等发达国家,日本的政府决策咨询机构的经费并没有那么充足,这也对日本决策咨询机构的独立性有一定影响,但相较中国,日本决策咨询机构的资金来源渠道更为多元化,其拥有相当比例由企业出资的政府决策咨询机构,使得其在非官方决策咨询机构的发展上更领先于中国,如农林中金综合研究所、日本综合研究所等。这些非官方政府决策咨询机构较官方决策咨询机构具备更高的独立性和自主性。

缺乏独立性的根本原因在于制度,制度的不完善是由体制造成的,而我国政府决策咨询机构"谋"与"断"不分的问题由来已久。由于我国的官方政府决策咨询机构大多隶属于政府机关。对于官方决策咨询机构来说,决策者具有双重身份,既是决策咨询机构的客户,又是他们的上司。决策咨询机构自身的生存取决于决策者的想法。经费是大多决策咨询机构生存的命脉,而可以把握这一命脉的正是决策者,另外决策咨询人员自身的事业发展也与决策者的决定有着千丝万缕的联系。因此,在这种环境下政府决策咨询机构很难无障碍地发挥自身特点,客观地开展政策研究,提出真正适合我国发展的政策建议。大多情况下,政府决策研究人员更容易沦为政府甚至决策者的传声筒,提出一些与决策者想法更为接近的政策建议,这样的政策建议对问题的解决和国家的发展都是极为不利的。因此,解决谋与断不分这一体制问题是政府决策咨询机构发挥其独立自主特点的重要一关。

西方发达国家的决策咨询机构都是独立研究、独立核算的,如果接受政府的委托进行研究,二者就是平等的委托与被委托的合作关系,双方在整个合作过程中的权利和义务都是有法律和合同作为规定和保障的。这就为决策咨询机构独立地进行政策研究提供了条件。与西方国家相比,我国的决策咨询机构建设仍处于初级阶段,并且在以政府为核心的公共权力运行体制下,难免会产生依附性,而这种对政府部门的依附性就成为当下中国决策咨询机构在独立性方面最大的弊病所在。尽管通过近四十年的改革,政府已经逐渐转变其在社会运行中的行为模式和状态。官方决策咨询机构"吃皇粮"的主要财政来源模式仍未有根本改观，半官方与民间决策咨询机构由于其发展程度和社会影响力，又不得不向政府部门寻求资源，因此独立性问题普遍存在于当下中国的决策咨询行业中。

决策咨询机构的发展水平是国家治理与社会进步的重要体现，构建科学民主的决策咨询体系，改善制约决策咨询机构发展的制度土壤，必须直面我国公共决策制度中的深层次矛盾，创新制度设计、加强法制建设，破除中国特色新型决策咨询机构发展面临的难题与困惑。

二、知识因素：决策咨询机构功能塑造的知识基础匮乏

知识因素(e2)的结构方程标准化路径估计值达到 0.71(P 值 0.003＜0.01)，为所有因素中最高。作为知识聚集、整合、传播的重要载体，决策咨询机构必须具备相当丰富的相关知识生产和积累的能力，这是决策咨询机构最为显性的功能。而知识基础薄弱和匮乏，无疑将对决策咨询机构的功能塑造和发挥产生极大的抑制作用。调查问卷的结果(见表 3.5)亦表明，79.4％的受调查者认为(完全同意或比较同意)当前我国决策咨询机构的发展存在知识基础匮乏的问题，而 1 330 位被调查者中仅有 15 人(1.2％)认为当前决策咨询机构完全不存在知识匮乏的问题。

表 3.5　决策咨询结构功能塑造的知识基础匮乏

项　目	频　率	占比/％	累计占比/％
完全同意	271	20.3	79.4
比较同意	786	59.1	
一般	203	15.3	15.3
基本不同意	55	4.1	4.1
完全不同意	15	1.2	1.2
总计	1 330	100	100

政府决策咨询机构是不同学科、不同领域人才汇聚的平台,知识的聚集也为政府决策咨询机构解决政策问题和提出政策建议提供了强有力的保障。因此,知识基础的匮乏会直接影响政府决策咨询机构的功能发挥。

我国的政府决策咨询机构虽然也汇聚着相当多各领域的人才,但是由于体制内政府决策咨询机构较多,决策咨询机构从业人员不但需要从事纯粹的政策研究工作,还不得不处理大量繁杂的事务性工作,这使得真正能够静下心进行政策研究的时间变得很少,而决策咨询工作不但需要研究经验,更需要在不断学习中强化知识储备来面对新环境、新形势下产生的一个又一个亟待解决的政策难题。因此,政策研究时间严重不足使得我国政府决策咨询机构的知识基础显得相当薄弱,时常无力对政策问题进行全面的研究和分析,只能通过现有的研究结果进行二次分析,无法满足公共问题决策的基本需求。

在体制内的政府决策咨询机构中,地方决策咨询机构占最大比例,相比中央政策研究室这样的大型体制内决策咨询机构,地方政府决策咨询机构,特别是欠发达地区的基层决策咨询机构普遍存在人才储备不足的现象。由于一些城市自身发展的局限性,导致其决策咨询机构人才的准入门槛不高,博士和硕士的比例较低。在为数不多的专业人才中,专业结构又严重不合理,大量研究人员的学历背景集中在一些文科专业,如历史学、社会学、法学等,而缺乏如数学、统计学和自然科学专业的人才,使得研究方向和研究领域受到很大局限。而高校决策咨询机构是拥有高学历人才数最多的地方,从高校决策咨询机构的特点来看,其本应是公共决策咨询过程中专业性最强的智库类型,而现实情况却是高校决策咨询机构并不能完全解决政府决策咨询机构知识匮乏的现状。究其原因在于如今的高校决策咨询机构更多关注纯学术研究,更多停留在理论层面分析问题。而决策者需要获得的是实践性和操作性更强的研究结果,他们需要通过这些决策结果解决已经遇到的或即将遇到的现实问题,因此,那些过于追求理论研究的研究结果显然与决策者急需得到的研究结果相违背。

政府决策咨询机构在我国大多地级市和县级市中往往设置在政府内部，不具备较强的独立性。决策咨询机构的主要任务大多是协助政府部门处理一些事务性工作，真正参与到政府决策核心发挥其应有的决策咨询功能的机会很少。长期无作为导致其自身地位也不高，发挥不出真正作用。不健全的行政体制是导致这种情况出现的原因之一，但也并非全部。咨询机构本身的人员结构和知识层次才是阻碍其健康发展的最主要原因。近年来决策咨询机构的高学历人士数量虽然略有增长，包括越来越多的硕士和博士。但高学历人群中不乏在职和后期提升学历的人员，他们的科研功底还是较为薄弱的，无法真正发挥研究生应有的能力。这在一定程度上使得决策咨询机构在面对一项决策议题时很难完全从科学和专业的角度来全面分析问题并提供针对性意见。除此之外，我国决策咨询机构人员专业结构也以单一文科或理工科学历背景的研究人员为主。他们往往缺乏全面的专业知识，较为单一的专业背景使他们在面对一些综合性较高的决策议题时往往有点力不从心，无法从多角度、多领域综合地考虑问题。综上所述，知识结构单一和弱化的研究能力决定了本该发挥巨大作用的决策咨询机构在实践中无法达到应有的效果，同时也导致其无法提供建设性的决策建议。

在知识社会时代，决策咨询机构仅仅依靠内部资源进行高成本的知识创新活动，已经难以适应复杂多变的外部环境与日益高端专业的决策咨询需求，需要充分利用内外部资源进行知识开发和利用，才能有效促进知识创新。

三、社会因素：公民社会发育程度较低

社会因素（e3）的结构方程标准化路径估计值为 0.423（P 值 0.002＜0.01），表明其对决策咨询机构功能塑造的影响力较为显著。从表 3.6 的问卷统计结果亦能发现，61% 的被调查者基本认同（完全同意或者比较同意）"我国公民社会发育程度较低"的论断，而仅有 1.7% 的被调查者完全否认这一提法。综合两个方面的统计结果可以认为，社会因素，即公民社会发育程度较低对决策咨询机构功能塑造有一定的阻碍作用。

表 3.6 公民社会发育程度较低

项　目	频　率	占比/%	累计占比/%
完全同意	195	14.7	61.0
比较同意	616	46.3	
一般	362	27.2	27.2
基本不同意	134	10.1	10.1
完全不同意	22	1.7	1.7
总计	1 330	100	100

公民社会发育程度较低主要体现在公民参与公共决策的积极性不高，而公民参与公共决策对于我国政府决策咨询机构的健康发展有着不可代替的现实意义。首先，政府决策咨询机构在决策咨询和提供政策建议的过程中必然需要大量一手数据的支持，虽然政府部门可以提供一定量有用的信息，但更多的一些涉及文化、教育和福利等社会问题的公共政策难题无法仅仅通过政府提供的官方信息得出准确的研究结论，需要依靠公民共同参与，结合访谈、问卷等研究方法，对政策问题有一个全面和深入的分析并转化为科学、合理的政策建议。其次，公民参与可以对政府决策咨询机构起到监督作用。"公共政策是政府利用公共权力解决公共问题促进公共利益的工具。"①而公共权力的行使则取决于决策者，缺乏有效监督机制的公共权力很有可能沦为一些决策者权力设租和权力寻租的工具和筹码。公民是对公共权力实施监督的最佳人选，因为公共政策的产生必然影响公民日常生活的方方面面。当公民参与形成了一个良好的循环机制，公共政策也将会更好地服务于公共利益。

我国政府近年来越来越重视政府决策咨询的发展，希望发挥政府、专家和普通大众各自的优势和特点，提高政府决策的效率和质量。但我国公民的参与意识还未在普通大众心中广泛扎根，因此政府决策咨询机构

① 常金萍.公民参与公共决策路径的完善与探索[J].行政事业资产与财务，2012(16)：224-225.

的数量虽然较过去已有了较大的增长，但实际起到的作用却仍然十分有限。

随着社会公民知情权意识的不断强化，政府重要事务和主要决策的透明化也越来越受到重视。由于公民和政府决策者所处的位置和看待事物的角度有所差异，政府决策出台后往往会引起社会各界人士的不同看法，那些对政策持怀疑和否定态度的公民自然会对政府决策的科学性提出异议，而政府决策者所处的特殊位置也决定了其无法与每一个对政策持不同意见的公民进行面对面的沟通，而政府决策咨询机构所起的桥梁作用正好为政府与公民的沟通提供了平台。政府决策咨询是政府决策过程中的重要一环，决策咨询机构作为政策建议的提出者对政策的理解更为全面，其不但可以从理论的角度对政策进行科学的分析，而且可以从政府的高度出发对政策的意义进行深层次的解读。除了以政府官方为背景的决策咨询之外，以高等院校为背景的决策咨询机构和以非官方背景创办的民间决策咨询机构由于其本身与社会大众更为贴近，而且主要成员也大多是来自社会各界的专家，因此其对政策的解读也更容易被社会大众所接受。正因为政府决策咨询机构中立的角色，使得其可以为政府和公众提供一个较为对等的交流平台，有效缓解由于沟通不足造成的政府与公众之间的矛盾。

四、技术因素：研究方法与技术手段相对落后

技术因素（e5）的结构方程模型标准化路径系数估计值为 0.356，但由于其 P 值为 0.275＞0.05，所以从模型的统计意义上来说，其结果不显著。但是从调查问卷的频数统计结果以及对当前我国决策咨询机构发展现状的观察而言，这一问题却又真实地存在并影响着各类决策咨询机构的发展。从本研究的问卷调查结果来看，半数以上的被调查者（57.0％）同意（完全同意或者比较同意）"决策咨询机构的研究方法与技术手段相对落后"这一论述（见表 3.7），而选择"完全不同意"和"基本不同意"的仅占 1.5％和9.0％。

表 3.7　决策咨询机构的研究方法与技术手段相对落后

项　目	频　率	占比/%	累计占比/%
完全同意	116	8.8	57.0
比较同意	641	48.2	
一般	432	32.5	32.5
基本不同意	120	9.0	9.0
完全不同意	20	1.5	1.5
总计	1 330	100	100

现实观察方面,陈旧的研究方法阻碍了政府决策咨询机构研究成果的质量。"国内对于政府决策咨询机构的研究多集中在决策咨询机构知识管理、知识库构建、机构制度、运行方式等方面,对决策咨询机构研究中所用的定量研究方法分析较少。"[①]相比传统的定性研究方法,定量研究可以更客观利用数据支撑其研究结论。从某种角度来看,定量研究相比定性研究更具说服力,虽然其也存在一定的局限性,例如数据不具代表性、问卷信息不准确、研究成本过高等,这些问题将会不同程度地影响定量研究的质量,但不可否认定量研究对于政府决策咨询机构研究中的一些定性研究无法解决的问题能够起到补充作用。

政府决策咨询机构陈旧的研究方法和落后的研究技术也是造成政策咨询功能不足等一系列问题的原因,深入分析这些原因可以帮助决策咨询机构找到问题的根源,提高政府决策咨询机构功能发挥的效率和质量。

传统的政府决策咨询机构研究习惯于在研究中依靠大量人力、物力和时间的投入来获得期望的研究成果,这样的研究过程虽然在信息技术匮乏的时代也能在决策咨询机构的研究中获得一定成效,但由于缺乏利用信息技术解决决策问题的手段,不可避免地造成大量人力、物力和财力的过度损耗。这样对于决策咨询机构的可持续研究来说是极为不利的,一旦任意一

---

① 张军,周磊,慕慧鸽.国际权威机构定量研究方法进展与趋势[J].图书情报工作,2015(7)：132-146.

点的投入无法达到预期,将会严重影响之后的研究成果,最终直接影响政府决策咨询机构功能的政策发挥。在目前的大数据时代,信息化技术在各个领域已经被广泛使用,而政府决策咨询机构的研究也已经到了不得不转变思路的时候了,信息化技术不但可以帮助决策咨询机构节约研究中花费的不必要成本,更能够帮助决策咨询机构减少研究中存在的错误和误差,使得研究的结论更具说服力。

纵观人类历史不难发现,每一次生产力的突破性发展,都源于特定技术引发的产业革命。当今社会现代信息和网络技术的发展,在深层次上改变了人们的生产和生活状态,可以说这又是一次具有划时代意义的生产力变革。身处这一重大变革的过程中,决策咨询机构也应该充分利用现代信息技术更新自身的"方法库"和"工具箱",依托学科资源、借助人才集聚优势发挥技术所长,专业分工和综合分析推动决策咨询机构研究向着科技发展的前沿进军。

五、合作因素：决策咨询机构之间缺乏交流和联系

合作因素(e6)的结构方程标准化路径估计值为 0.552(P 值 0.029<0.05),表明组织之间的交流与联系对决策咨询机构功能的塑造具有一定的影响力。当前我国决策咨询机构之间,特别是民间决策咨询机构与官方决策咨询机构之间的交流明显不足,其中有历史原因,也有制度环境的制约。

当下我国决策咨询机构之间的交流和联系仍十分有限,这在官方决策咨询机构和非官方决策咨询机构的联系上体现得尤其明显,无论是交流和频率还是层次,都较为匮乏。原因在于,相当一部分官方决策咨询机构都是在建国初期仿造苏联模式建立起来的,决策咨询机构纷纷设立于不同的政府部门,相互之间既没有竞争关系,也没有合作的动力,因此鲜有交流和沟通的渠道和机会。在民间决策咨询机构方面,20 世纪 90 年代以来,随着改革开放的不断深入,各类社会组织开始发育壮大,以此为背景诞生了第一批民间决策咨询机构。这些民间决策咨询机构涉及的研究领域十分广泛,涵盖社会经济生活的方方面面,但是由于自身"体制外"的组织属性,其与官方决策咨询机构的交流与互动十分有限,而各类民间决策咨询机构之间由于

专业分工和学科的专一性,又或者因为商业竞争的因素,很难有频繁的联系和合作。

我国的官方决策咨询机构由于具有作为体制内机构的天然优势,通常可以与政府部门无缝对接。而体制外的决策咨询机构由于自身条件和外部环境的因素,其不但无法获得政府的资助,而且难以真正地参与到整个决策过程之中。但是仍要看到体制内决策咨询机构的独特优势,相较于官方决策咨询机构,体制外的决策咨询机构往往独立性更强,其研究过程和结果受到行政干扰更少,研究结果相对而言也较为客观。所以国外决策咨询机构相当重视体制外决策咨询机构,也就是所谓的民间决策咨询机构的发展,通过民间决策咨询机构的发展搭建民间知识与公共权力的桥梁。在当前的政策背景下,可以通过对民间决策咨询机构提供减(免)税收的待遇,缓解民间决策咨询机构在资金方面的困难,为其创造更好的行业生态和生存环境。

无论是官方还是民间决策咨询机构,其核心价值均在于科学的政策研究与分析,为决策者出谋划策。在此过程中,二者在面对不同的客观问题时所起到的功能和效用是有所区别的,随着当下中国社会政策环境的复杂性和政策议题的多样性不断凸显,政府决策咨询机构与民间决策咨询机构应该通力合作,共同解决政策难题,并形成长效的合作机制,才是未来我国决策咨询机构发展的正确方向。其实无论是官方决策咨询机构还是民间决策咨询机构,都是跨领域和跨学科的人才思想交流平台。在思想的交流和融合中将具备知识性、实用性和专业性的政策研究成果嵌入整个社会结构中去。当今社会多变复杂的决策环境增加了政策制定的复杂性和多样性。很多时候仅仅依靠单一力量无法真正解决公共治理难题。因此,在这样的客观情况下更加迫切需要官方决策咨询机构与民间决策咨询机构共同合作,利用双方各自优势,从科学的角度看待问题,在政府决策中起到智囊作用。当今社会我国经济社会已经到了高速发展时期,发展的过程带来了挑战的同时也带来了难得的机遇。多学科跨领域的专家学者们可以有机会联合起来,共同攻关越发多样性和复杂性的决策难题。因此官方决策咨询机构与民间决策咨询机构的合作将为未来我国决策咨询实现专业化和系统化打开新局面。但是从目前的情况来看,无论是官方决策咨询机构还是社会决策咨询机构都不具备较强的合作意愿和合作条件，多数情况他们之间所谓的合作更像是形式上的交流。而真正在面对实际的科学研究时往往还是采用自己熟悉的套路和模式，各自修行，分散了研究力量。从而无法真正形成研究合力，不但浪费了研究资源，也失去了双方共同合作的根本意义。

　　无论是依托政府的官方决策咨询机构还是借助民间力量的非官方决策咨询机构，作为政府决策中不可或缺的政策研究平台并拥有先进的研究机制，其中蕴含着来自不同领域和不同背景的专家智库人才和丰富的思想资源。依靠知识性、专业性和创造性的政策研究理念和决策咨询服务融入整个社会发展体系中，并逐渐成为现代决策系统中不可取代的重要构成。鉴于我国多变的决策环境和复杂多样的决策需求，仅仅依靠官方决策咨询机构或民间政府决策咨询单方面力量有时无法满足我们纷繁复杂的决策需求，因此经常需要各方力量紧密合作，依靠各自的资源和优势，用科学理性的发展观为政府决策贡献力量。

第四节　结果分析：内部因素

　　由结构方程模型分析得到的结果可知，在影响决策咨询机构功能塑造的内部因素中，决策咨询机构内部的职能设置不合理（i2），决策咨询机构的运作模式陈旧、效率低下（i3），人员管理方式落后（i7）等因素影响较为显著。

一、结构因素：组织架构与职能设置不合理

　　结构方程模型的输出结果显示，结构因素（i2）的标准化路径估计值为0.334（P值0.042＜0.05），这表明结构因素对决策咨询机构功能塑造的影响较为显著。而在问卷调查中，52.1％的被调查者认同（完全同意或比较同意）"决策咨询机构的组织架构不合理"（见表3.8），而49.8％的被调查者认为（完全同意或比较同意）"决策咨询机构体系内部结构不合理"（见表3.9），以上两题中选择"基本不同意"和"完全不同意"的分别只有7.7％和9.3％。

表 3.8 决策咨询机构的组织架构不合理

项 目	频 率	占比/%	累计占比/%
完全同意	102	7.7	52.1
比较同意	590	44.4	
一般	532	40.0	40.0
基本不同意	91	6.8	6.8
完全不同意	14	1.1	1.1
总计	1 330	100	100

表 3.9 决策咨询机构体系内部结构不合理

项 目	频 率	占比/%	累计占比/%
完全同意	93	7.0	49.8
比较同意	569	42.8	
一般	544	40.9	40.9
基本不同意	109	8.2	8.2
完全不同意	15	1.1	1.1
总计	1 330	100	100

决策咨询机构在公共治理中功能实现的困境来源于结构的不合理,这种结构不合理主要表现为决策咨询机构体系内部结构、区域分布结构以及研究结构等三个方面的不合理。

(一)决策咨询机构体系内部结构不合理

决策咨询机构体系内部结构的不合理主要体现在决策咨询机构体系中的各类机构所占比例严重失衡。据上海社科院的《中国决策咨询机构报告》统计:"当前国内正常运行,且对公共政策形成和社会公众具有较强影响力的活跃决策咨询机构共有 200 余家,其中 2/5 为党政军决策咨询机构,1/4

是社科院决策咨询机构，民间决策咨询机构占比 1/3。其中'国字号'决策咨询机构又占党政军决策咨询机构的 30% 左右。"①官方决策咨询机构无论在数量上和影响力上都占据绝对优势，由于相关资源被垄断，留给民间决策咨询机构发展的空间十分狭小。"官大民小"的决策咨询机构类型比例，导致决策咨询机构功能更多集中于国家层面的宏观战略研究，这造成的结果是，一方面基层中大量的社会问题和专业化问题都由于缺乏有效的决策咨询而得不到解决。另一方面大量的决策咨询研究结果由于过于宏观而脱离现实，或者没有政策执行方面的可行性而被束之高阁。

此外，官方和民间决策机构格局的不均衡，也导致了决策咨询机构之间缺乏合理有效的竞争。竞争是市场经济环境下激发组织动能的重大因素，是组织保持活力和生机的主要力量源泉。决策咨询机构本身所面临的也是一个资源稀缺的领域，如果没有有效的竞争机制，决策咨询机构的功能就不可能得到完全的释放和发挥，长此以往，其独立性、影响力和持续发展的动能也将受到影响。目前我国决策咨询机构内部格局的一元化显然阻碍了决策咨询机构功能的多样化和优质化发展。官方决策咨询机构一家独大的局面如果得不到改观，将直接导致决策咨询机构的发展无法满足公共治理的多元化需求。

除了缺乏有效的竞争机制，从各类决策咨询机构自身功能的运行方面来看，严重不均衡的决策咨询机构体系还使得机构间的交流合作与优势互补遇到障碍，其结果是单一结构所导致的各类决策咨询机构的生长环境有天壤之别，民间决策咨询机构资源匮乏、生存困难，部分官方决策咨询机构则垄断资源、在温室中成长，无论是哪一种情况，都不利于决策咨询机构的良性发展。"官方决策咨询机构大而不强，高校决策咨询机构曲高和寡，民间决策咨询机构弱而无力"是对当前我国各类决策咨询机构发展现状的生动描述，其反映出来的深层弊病，就是决策咨询机构内部结构的分布不平衡问题。

---

① 上海社会科学院决策咨询机构研究中心.中国决策咨询机构报告[M].上海：上海社会科学院出版社,2014：10.

（二）决策咨询机构区域分布不合理

决策咨询机构分布结构的不合理主要体现在横向的区域分布不合理和纵向的层级分布不合理两方面。这使得决策咨询机构的功能在两个方向上都被严重压缩，成为阻碍决策咨询机构在公共治理中发挥功能的重要因素。

横向的区域结构分布不合理。我国的决策咨询机构主要分布于东部沿海地区，特别是一些有重要影响力的决策咨询机构，几乎都集中于一线城市。根据上海社会科学研究院发布的数据，当前正处于活跃中的、有一定影响力的决策咨询机构"约60%分布在东部沿海地区，中部和西部地区的活跃决策咨询机构分布基本相当，从各省的分布来看，中国活跃决策咨询机构主要集中在北京，其次是上海"[①]；从顶级决策咨询机构区域分布来看，"中国顶级决策咨询机构几乎全部集中于东部沿海地区，其中，北京有17家，占63%；上海有5家，占18.5%；其余各家分别位于江苏、广东、南海和江西"；从综合影响力排名来看，"前20名除第十名中国（海南）改革发展研究院位于海南，其他均被北京（67%）和上海（20%）包揽，前30名中没有发现有影响力的中西部决策咨询机构。"决策咨询机构区域分布结构不均衡的主要原因是东西部经济发展的不均衡，是区域经济发展不平衡的表现之一。不仅仅是数量上的差异，中西部决策咨询机构在内外部资源均存在严重缺陷的情况下，在组织规模、研究范围、研究质量、创新能力以及社会影响力上更是表现出与东部地区决策咨询机构的巨大差距。而在决策咨询水平上的差距又将反作用于两地经济社会，导致区域经济发展的不均衡被进一步放大。

纵向的层级结构部分不合理。我国决策咨询机构在纵向层级结构上的分布也存在均衡性问题。2013中国决策咨询机构报告统计："关注国家层面的决策咨询机构，影响力会大一些，统计上表现为有影响力的'国字号'党政军决策咨询机构和民间决策咨询机构较多；而关注区域层面问题的地方决策咨询机构的影响力相对较难发挥，统计上表现为有影响力的地方党政军决策咨询机构和地方社科院较少"。但实际上，地方或基层面临的社会问题数量要远多于国家级的宏观层面。

---

① 上海社会科学院决策咨询机构研究中心.中国决策咨询机构报告[M].上海：上海社会科学院出版社，2014.

（三）决策咨询机构的研究结构不合理

当前我国决策咨询机构之间尚未形成科学合理的分工合作、互补互进的发展机制。往往为了追求热点，决策咨询机构的功能被限制于大量短期、重复、低质的研究工作中，而忽视了许多亟待解决的社会问题，导致大量政策研究的盲区最终演变为社会治理的盲区。主要表现在如下四个方面。

一是缺乏多样化的研究团队。当前决策咨询机构普遍存在研究团队过于单一、专业领域过于集中的问题。导致在面对复杂问题时缺乏全面的视角和应对能力。

二是数据收集和分析不充分。决策咨询机构的研究结构应该注重数据的收集和分析。然而，一些机构可能在这方面存在不足，导致研究结论缺乏实证支持或基于片面的数据。

三是研究缺乏独立性和客观性。因受到利益驱动或特定政治、经济力量的影响，决策咨询机构的研究结果可能出现偏颇或缺乏客观性。

四是研究成果的应用价值不高。决策咨询机构的研究结构应该能够产出有实际应用价值的研究成果。然而，一些机构可能仅仅停留在纸面研究阶段，未能将研究成果有效地转化为可供实际操作的建议。

二、运营因素：运营效率低下

运营因素（i3）结构方程模型的路径系数估计值为 0.583（P 值 0.002＜0.05），其作用较为显著。如表 3.10 所示，从问卷调查的频数统计结果来看，56.6％的被调查者认为（完全同意或比较同意）"决策咨询机构的运作模式陈旧，效率低下"，而只有 11.0％的被调查者不认同（基本不同意或完全不同意）这一论断。

表 3.10　决策咨询机构的运作模式陈旧、效率低下

项　目	频　率	占比/%	累计占比/%
完全同意	156	11.7	56.6
比较同意	597	44.9	

项　目	频　率	占比/%	累计占比/%
一般	431	32.4	32.4
基本不同意	128	9.6	11.0
完全不同意	18	1.4	
总计	1 330	100	100

　　政府决策咨询机构的运作模式就是其在运转过程中与政府之间连续地交流各种知识（信息、数据），由此实现知识转移和知识整合的过程。而我国政府决策咨询机构接受政府的知识转移以及向政府传输知识的过程都相对比较程序化，政府部门在决策前，需要通过官方政府决策咨询机构进行论证已成为一个必备流程，如地方政府在决策前必然会先咨询地方政研室的意见来体现该决策的可靠性和专业性。而由于体制原因官方政府决策咨询机构又隶属于政府，使得决策咨询机构的政策建议很少会否定决策者的预期观点。这与决策咨询最初存在的目的相违背。长年累月充当政府的"传声筒"，使得政府决策咨询机构内部的研究热情和研究能力也有所下降，内部运作效率低下，逐渐沦为政府决策中可有可无的一环。而体制外决策咨询机构，由于长年得不到政府的青睐，导致其无法真正参与到政府决策中，使得其严重缺乏政府决策的经验。另外，体制外决策咨询机构缺乏政府资金支持，使得其不得不从成本和风险的角度考虑，不愿意花大量成本和时间开展价值较高的政策研究。体制内的政府决策咨询机构安于现状、不求发展，而体制外的政府决策咨询机构怯于成本、不敢有所突破。长此以往形成恶性循环，造成整个政府决策咨询体系无法发挥其本该具有的功能。

　　近年来，西方决策咨询机构开展对外交流合作的趋势愈演愈烈，一方面是由于近年来随着科技发展，公共治理问题变得越发复杂。过去仅凭单打独斗就能解决政策难题的情况已经一去不复返了，多元化主体间的交流合作可以帮助决策咨询形成合力，提升政府决策的效率。另一方面由于西方各类决策咨询机构数量越来越多，相互之间的竞争也越来越大。决策咨询机构要想在竞争激烈的市场上占有一席之地就必须展现其在整个决策咨询体系中较为独特的功能优势。因此通过交流合作形成优势互补是强大自身的最佳方法，依然坚持抱残守缺的运营模式终将被时代淘汰。相比西方政府决策咨询机构市场化的运作模式，我国的运作模式不利于政府决策咨询机构的政策咨询和人才培养。体制内和体制外政府决策咨询机构之间缺乏一个良性的竞争，使得两者都无法体现出自己真正的优势和价值，而公共利益则必然由于决策咨询功能发挥得不完善而受到损失。

另外，我国决策咨询机构的成果转化率相较国外优秀决策咨询机构仍然有着较大的差距。以我国高等院校为例，"我国高校人文社科领域共出版著作 15 万部，发表论文 158 万篇，这些研究成果转化为公共政策建议的仅有 6 万余份，得到中央领导批示或被省部级以上部门采纳的更少。"[①]决策咨询机构成果转化率低的主要原因在于我国决策咨询机构以官方为主，而官方决策咨询机构的研究报告大多是对现行政策的依附和宣传，对具体决策难题的创新性研究较少，因此，决策研究成果缺乏超前性，往往严重滞后于当前总体的经济形势，研究成果转化率自然严重不足。

三、管理因素：人员管理方式落后

管理因素（i7）在结构方程模型的标准化路径估计值为 0.936（P 值 0.011<0.05），为内部因素中最高，可见人员管理在决策咨询机构运行中起到的关键作用。如表 3.11 所示，问卷调查的结果也表明，54.4% 的被调查者认同（完全同意或比较同意）"决策咨询机构人员管理方式落后"这一论断，而仅有 9.9% 的被调查者不认同（基本不同意或完全不同意）这一说法。

人员管理是政府决策咨询机构正常运作的核心因素，相比国外先进的人员管理模式，我国的政府决策咨询机构的人员模式还仍然处于相对落后的地位。混乱的人员分工情况、研究人员结构固化和奖惩制度的不健全都是阻碍政府决策咨询机构集中内部的人力资源发挥其全部功能的原因。

---

① 温馨，王惠明.特色新型高校决策咨询机构建设的困境与改革思路：基于决策咨询机构成果转化的视角［J］.中国高校科技，2016(11)：15－18.

表 3.11　决策咨询机构人员管理方式落后

项　目	频　率	占比/%	累计占比/%
完全同意	132	9.9	54.4
比较同意	591	44.5	
一般	475	35.7	35.7
基本不同意	113	8.5	9.9
完全不同意	18	1.4	
总计	1 330	100	100

　　政府决策咨询机构通常由咨询人员和辅助人员组成。咨询人员是决策咨询机构的大脑,主要负责政策的研究和政策建议的提出。而辅助人员则是为了帮助大脑更好发挥其功能,其主要职责包括材料整理、机构宣传、数据管理以及档案管理等任务。我国的体制内决策咨询人员大多为公务员,因此研究人员除了研究工作外,有时不得不承担大量事务性的日常行政工作,使得真正使用在政策研究上的时间十分有限。而决策咨询则需要花费大量时间和专注度才能够获得成功的工作,任何一点缺失都可能直接影响研究结果的科学性。研究辅助人员的工作实则也是需要具备很强的专业能力,外领域的研究人才并不能完全胜任研究辅助人员的工作。例如:美国的胡佛研究所,每年花费大量成本进行研究辅助人员的招募和培训。数据经理是胡佛研究所众多辅助人员岗位中的一种,"应聘数据经理必须精通MS Access、STATA、电子表格和大型数据集,拥有数据管理和组织知识,能够实施质量控制措施;拥有独立工作和领导团队的能力;拥有在社会科学研究领域 2—3 年的工作经历;拥有硕士学位。"[①]

　　我国政府决策咨询机构的人员结构相对固化,而多元化的人员结构是提升政府决策咨询机构研究能力和研究质量的重要途径。相比美国为首的

---

① 陈英霞,刘昊.美国一流高校决策咨询机构人员配置与管理模式研究:以斯坦福大学胡佛研究所为例[J].比较教育研究,2014(2):66-71.

决策咨询机构发达国家所采用的"旋转门"机制，我国政府决策咨询机构的人员结构模式则显得不够灵活多变，政府官员和政府决策咨询机构人员，尤其是体制外的决策咨询人员间的流通较少，缺少进入政府参与决策的平台。由于大量政府决策咨询机构人员缺少政府决策的实践经验，使得更多的政策只能建立在理论分析上。而政府官员进入政府决策咨询机构也大多以退休官员的身份进入居多，对决策咨询机构的帮助也是具有阶段性的。由于退休后长期远离政府决策的核心地带，因此无法对最新的政策进行及时和准确的掌握。

人员奖惩制度不健全也是影响我国政府决策咨询机构效率的一大因素。相比民间政府决策咨询机构，我国的官方决策咨询机构在人员奖惩方面缺乏必要的管理机制。即使有奖惩机制，大多也是根据决策咨询数量来确定奖惩方式，根据决策咨询意见的质量所订立的奖惩机制较少，使得政府决策咨询机构在面对决策问题时政策建议缺乏质量的情况时有发生。很多政策建议缺乏深入的调研和思考，仅仅为了满足监督部门对于数量的要求。这样的研究结果不但对决策者毫无帮助，如果被采纳反而会对公共利益造成更大程度的损害。

此外，人员晋升模式有待改进。干部晋升的机制问题，在西方国家，个人功绩是晋升的主要依据，并经过长期实践逐渐形成了科学的考核机制，如英国的因素分析法、法国的评分平衡制度、美国的浦洛士考绩法等。其次，以考试成绩作为晋升的主要依据，对被晋升者除了考核观察以往成绩外，公众更关心的是被晋升者能否胜任该工作。如何直观地显示晋升者的工作能力，不同类型的考试应该是效用最高、成本最低的方法。再次，晋升过程中要坚持能力本位导向，这里所说的能力并不仅仅指成绩出色，更应当看作岗位工作能力。要将"胜任"作为提拔晋升的主要依据，通过全方位的评价体系，使得考评技术更加完善。另外，当今社会人们在工作生活中都存在或多或少的精神压力，因此，对于心理状态的评价也是必不可少的，必要时心理测试也是衡量被晋升人是否称职的指标之一。政府决策咨询机构人员的晋升机制之所以不完善，除了机制本身的局限性之外还在于其缺乏应有的法律保障，直接导致决策咨询机构的人员机制大多沿用政府机关的普遍晋升方式,而没有考虑到决策咨询机构本身具有的特殊性。作为整个政府决策运转的重要部分,政府决策咨询机构对于决策咨询内部人员的考核指标、考核方式和考核结果的处理都没有相关的法律法规来明确,使得决策咨询机构内部晋升和绩效评价又在不知不觉中被领导的喜好左右,导致整个决策咨询考核评价体系缺乏规范性和制度性,长此以往对决策咨询机构机制带来的负面影响是显而易见的。正因如此,以立法的形式规范决策咨询机构人员的管理模式就显得尤为重要。这样可以使决策咨询机构内部的人员晋升、绩效评价和咨询程序变得有法可依,从一定程度上抑制徇私舞弊、权力寻租和滥用职权等行为发生的可能性。

四、动力因素:创新能力不足

决策咨询机构存在的价值,很大程度上取决于其创新能力。探索新领域、产生新知识,是决策咨询机构的主要功能和重要使命。"决策咨询机构是知识、智慧和思想的一个集散场所,最重要的是要产生出符合社会发展趋势的新思想、新观点、新理论和新知识。"[①]可见,决策咨询机构的创新能力将是其功能发挥程度的主要影响因素。现阶段决策咨询机构创新能力的形成主要依赖两大要素:资源获取和研究视角。

资源获取是决策咨询机构生存和发展的基础。资源包括有形的资源如人、财、物等,也包括信息、文化、社会资本等无形的资源。当前我国大多数决策咨询机构都存在不同程度的资源匮乏,比如人才匮乏、资金匮乏等,资源的匮乏直接导致了决策咨询机构功能发挥不充分,同时也使决策咨询机构创新能力的提升受到抑制。一方面,有形资源(人、财、物)的匮乏使得组织的发展缺乏必要的物质基础,直接限制了决策咨询机构的创新能力;另一方面,无形资源(信息、政策环境、制度背景、社会资本等)的匮乏,使得决策咨询机构的发展缺少必要的外部资源,在其运行的过程中必然遭遇各种障碍和瓶颈。

研究视角是决策咨询机构创新的原点。当前我国决策咨询机构的研究

---

① 俞可平.决策咨询机构影响力从何而来[J].思想政治工作研究,2010(2):63.

视角不够广泛，所关注问题面过于狭窄，是阻碍其创新能力提升的另一重要因素。研究视角的狭窄一方面表现为决策咨询机构研究更多地聚焦于政府需要，而忽视了社会需要和公众需要，使得理论与实践脱节严重，并且往往追逐所谓的"热点问题"却忽略了大量前瞻性、潜在性、长期性的社会和公众问题，导致公共利益受损。长此以往，决策咨询机构也将因缺乏问题意识而丧失作为运行核心的创新能力；另一方面表现为决策咨询机构缺少完善的自我研究和自我评估，对自身在整个公共决策过程中的定位模糊不清，自身研究的优势与劣势认识不到位，更遑论在此基础之上的创新能力提升了。反观西方较为成熟的决策咨询机构，均在自身的评估和定位上有十分清晰的表述，并以此为基础确定研究的主攻方向，比如"布鲁金斯学会擅长中东问题；兰德公司擅长军事战略；卡内基国际和平基金会擅长核不扩散问题；欧洲政策研究中心和平研究所擅长危机管理；亚当·斯密研究所擅长自由市场，等等。"①

---

① 李安方，王晓娟，张屹峥，等.中国智库竞争力建设方略[M].上海：上海社会科学院出版社,2010：40.

第四章
决策咨询机构功能塑造中的影响因素

结构功能主义认为,社会以及社会系统内的组织为了保证自身的存续和发展,必须满足适应、目标达成、整合、模式维系等四个功能条件。在上一章中,对造成决策咨询机构功能发挥不足的原因进行了分解,但是其内外因素的分类完全是人为划分,本章基于前两章的理论和实证结果,通过因子分析对决策咨询机构功能塑造中的影响因素进行解析,以期验证内外因素划分的合理性,为进一步优化决策咨询机构的各项功能提供理论和实证的研究基础。

第一节 基于因子分析的决策咨询结构
功能塑造影响因素探析

因子分析(Factor Analysis)的基本思路是,当面临多个零散变量时,通过分析各个指标间的相关关系(间距),将相关性较高的若干变量概括为一类,使得每一类变量就成为一个因子,达到用少量的若干个因子反映整体某些属性的目的。

由第三章可知,决策咨询机构发展现状的变量群中有 14 个变量,如果逐一分析这些变量将使得研究内容变得非常繁琐,但是如果使用因子分析法,将 14 个变量进行归纳分组,就能在尽量不损失过多信息的前提下,用少量因子代替多数指标,大大降低工作量,也简化了指标结构。同时,因子分析法的最大优势就是客观确定了各个公共因子的权重,克服了主观赋值的随意性,使得分析结果更加客观合理。

一、决策咨询机构功能塑造影响因素初探

决策咨询机构的影响因素十分复杂,既包括组织外部的政策环境、制度安排、社会文化等因素,也有组织内部的职能设置、管理模式因素,因此,本研究通过问卷调查中的 14 个变量(见表 4.1)进行因子分析,以期寻找其中的共性。

表 4.1　变　量　群

X1. 决策咨询机构缺乏独立发挥功能的制度土壤
X2. 决策咨询机构功能塑造的物质基础匮乏
X3. 公民社会发育程度较低
X4. 决策咨询机构在公共决策过程中的定位存在偏差
X5. 决策咨询机构的研究方法与技术手段相对落后
X6. 决策咨询机构的组织架构不合理
X7. 决策咨询机构内部的职能设置不合理
X8. 决策咨询机构的运作模式陈旧、效率低下
X9. 决策咨询机构现有的人员管理方式落后
X10. 决策咨询机构缺乏合理的奖惩制度
X11. 决策咨询机构人员学历分布不合理
X12. 决策咨询机构人员专业分布不合理
X13. 决策咨询机构之间缺乏交流和联系
X14. 决策咨询机构面对政策环境变化的反应力不足

二、因子提取

在社会统计学中一般通过 KMO 检验和巴特利特球度检验来确定变量

组是否适合进行因子分析。检测结果表明,大部分变量相关系数都较高,线性关系较强,能够提取公共因子,适合进行因子分析。在 KMO 检测中,概 KMO 值为 0.929,且 p 值为 0.000<0.01,说明变量组适合通过公因子提取进行因子分析。球形检验 P 值为 0.000<0.01,说明变量之间存在相关性(见表 4.2)。

表 4.2　KMO 和巴特利特检验

KMO 取样适切性量数		0.929
巴特利特球形度检验	近似卡方	7 120.146
	自由度	91
	显著性	0.000

表 4.3　公因子方差

变量群	初始	提取
X1. 决策咨询机构缺乏独立发挥功能的制度土壤	1.000	0.581
X2. 决策咨询机构功能塑造的物质基础匮乏	1.000	0.543
X3. 公民社会发育程度较低	1.000	0.613
X4. 决策咨询机构在公共决策过程中的定位存在偏差	1.000	0.522
X5. 决策咨询机构的研究方法与技术手段相对落后	1.000	0.677
X6. 决策咨询机构的组织架构不合理	1.000	0.761
X7. 决策咨询机构内部的职能设置不合理	1.000	0.553
X8. 决策咨询机构的运作模式陈旧、效率低下	1.000	0.578
X9. 决策咨询机构现有的人员管理方式落后	1.000	0.561
X10. 决策咨询机构缺乏合理的奖惩制度	1.000	0.531
X11. 决策咨询机构人员学历分布不合理	1.000	0.645
X12. 决策咨询机构人员专业分布不合理	1.000	0.595

变　量　群	初　始	提　取
X13. 决策咨询机构之间缺乏交流和联系	1.000	0.593
X14. 决策咨询机构面对政策环境变化的反应力不足	1.000	0.631

提取方法：主成分分析法。

由表 4.3 可知，各变量的共同度较高，变量中的大部分信息能够被因子所提取（均在 0.5 以上），即因子分析的有效性可以被肯定。

表 4.4　总方差解释

成分	初 始 特 征 值			提取载荷平方和			旋转载荷平方和		
	总计	方差占比/%	累积%	总计	方差占比/%	累积%	总计	方差占比/%	累积%
1	6.022	43.014	43.014	6.022	43.014	43.014	4.201	30.007	30.007
2	1.162	8.299	51.313	1.162	8.299	51.313	2.983	21.305	51.313
3	0.895	6.392	57.705						
4	0.799	5.704	63.409						
5	0.771	5.504	68.914						
6	0.665	4.750	73.664						
7	0.574	4.102	77.765						
8	0.559	3.989	81.755						
9	0.515	3.677	85.432						
10	0.466	3.331	88.762						
11	0.465	3.325	92.087						
12	0.414	2.957	95.044						
13	0.356	2.543	97.587						
14	0.338	2.413	100.000						

提取方法：主成分分析法。

通过主成分分析,前两个因子的特征值大于 1,且累计百分比为51.313％,因此提取的公因子为两个。碎石图的结果也表明可以选择前两个因子作为公因子(见表 4.4 和图 4.1)。

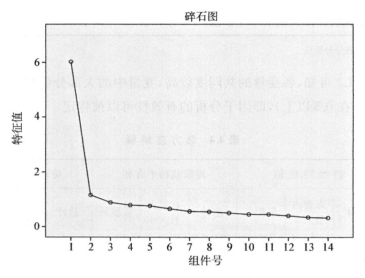

图 4.1　碎石图

表 4.5　旋转后的成分矩阵

变 量 群	成　　分	
	1	2
X1. 决策咨询机构缺乏独立发挥功能的制度土壤	0.156	0.746
X2. 决策咨询机构功能塑造的物质基础匮乏	0.206	0.708
X3. 公民社会发育程度较低	0.158	0.699
X4. 决策咨询机构在公共决策过程中的定位存在偏差	0.339	0.638
X5. 决策咨询机构的研究方法与技术手段相对落后	0.498	0.478
X6. 决策咨询机构的组织架构不合理	0.441	0.407
X7. 决策咨询机构内部的职能设置不合理	0.618	0.414
X8. 决策咨询机构的运作模式陈旧、效率低下	0.674	0.353

变 量 群	成 分	
	1	2
X9. 决策咨询机构现有的人员管理方式落后	0.705	0.255
X10. 决策咨询机构缺乏合理的奖惩制度	0.555	0.149
X11. 决策咨询机构人员学历分布不合理	0.735	0.070
X12. 决策咨询机构人员专业分布不合理	0.755	0.159
X13. 决策咨询机构之间缺乏交流和联系	0.605	0.358
X14. 决策咨询机构面对政策环境变化的反应力不足	0.660	0.308

提取方法：主成分分析法。
旋转方法：凯撒正态化最大方差法。
旋转在 3 次迭代后已收敛。

由表 4.5 得出两个公因子的表达式为

$$F1 = 0.746 \times 1 + 0.708 \times 2 + 0.699 \times 3 + 0.638 \times 4$$

$$F2 = 0.498 \times 5 + 0.441 \times 6 + 0.618 \times 7 + 0.674 \times 8 + 0.705 \times 9$$

$$+ 0.555 \times 10 + 0.735 \times 11 + 0.755 \times 12 + 0.605 \times 13 + 0.66 \times 14$$

由此可以看出，将两个公因子分别命名为影响决策咨询机构功能塑造的外部因素和内部因素。其中外因 F1 包括 X1. 决策咨询机构缺乏独立发挥功能的制度土壤、X2. 决策咨询机构功能塑造的物质基础匮乏、X3. 公民社会发育程度较低、X4. 决策咨询机构在公共决策过程中的定位存在偏差；而内因 F2 则包括 X5. 决策咨询机构的研究方法与技术手段相对落后、X6. 决策咨询机构的组织架构不合理、X7. 决策咨询机构内部的职能设置不合理、X8. 决策咨询机构的运作模式陈旧、效率低下、X9. 决策咨询机构现有的人员管理方式落后、X10. 决策咨询机构缺乏合理的奖惩制度、X11. 决策咨询机构人员学历分布不合理、X12. 决策咨询机构人员专业分布不合理、X13. 决策咨询机构之间缺乏交流和联系、X14. 决策咨询机构面对政策环境变化的反应力不足。通过提取公因子得到的内外因及其代表因素，与前文的理论分析得出的分类结果基本一致。

由上一章结构方程模型运行所得出的结果可知,影响因素的总效应为0.761,说明本研究所选择的各项指标能够较为准确地检验决策咨询机构功能塑造的各类影响因素之效应。具体而言,内、外因对于决策咨询机构功能塑造的制约均有贡献,而相对于内部原因(I),外部原因(E)对于决策咨询机构功能塑造的影响更大(0.426)。通过本节的因子分析,我们能够进一步明确影响决策咨询机构功能塑造的内外部因素的划分过程,因子分析的结果与前文的理论分析结论较为一致。在中国特殊的社会背景之下,外在的制度环境对决策咨询机构的影响,要大于组织本身的结构和运营等因素的影响。制度土壤、公民社会的发育程度等因素决定了决策咨询机构在整个国家决策系统中的地位和作用,也就决定了决策咨询机构功能塑造的程度和水平。因此在对当下我国决策咨询机构的发展进行分析研究以及探索对策时,应首先关注顶层的制度设计以及宏观的政策调适方面,争取在外部因素的改进上先取得突破,再以此为基础谋求决策咨询机构自身运营方面的优化。而目前该领域的大多数研究将焦点设于决策咨询机构本身,集中探讨内部因素对相关组织的影响,则是忽视了问题的要害与本质。

第二节　基于结构功能主义的
影响因素解析

基于因子分析的结果,本节将从内、外两方面分析决策咨询机构功能塑造的影响因素。系统功能是结构稳定性、独特性、合意性的衡量标准。因此,决策咨询机构功能塑造的质量,势必影响到整个组织的生存与发展水平。从上一节的因子分析中可以得知,影响决策咨询机构功能塑造的有内外两类因素,在结构功能主义视角下,决策咨询机构功能塑造影响因素可以从适应、达鹄、整合、维模等四维度进行剖析,从而全面立体地厘清各内外因素在不同阶段产生的影响。

一、适应：获取信息资源

政府决策咨询机构的适应功能主要指其获取信息资源的能力，全面而准确的决策信息资源获取是完善决策咨询机构功能的前提，因此决策咨询机构应当充分利用其自身的特点和优势建立完善的信息获取机制，通过持续和广泛的资源导入来健全信息获取机制。

在获取信息资源的过程中，我们可以从内部因素和外部因素两方面分析决策咨询机构功能塑造的影响。

（一）内部因素：人员素质与信息化水平

在决策咨询机构进行信息获取的过程中，内部因素主要包括决策咨询机构信息采集人员的素质和信息化建设水平，只有提高人员素质和信息化水平，才能确保信息获取的持续性和优质性。

首先，决策人才的培养是保障决策咨询机构持续性的首要条件。"全球顶尖决策咨询机构的人才来源于许多国家，人才的专业背景多样化，且拥有博士学位者占绝对优势，这些都为决策咨询机构持续性地注入新思想和多样化的意识观念提供了物质基础。"[1]国外的决策咨询机构之所以各项研究始终处于前沿位置，离不开强大的人才储备模式和背景多样的人员机构，"美国的兰德公司正式雇员总数约为 1 600 人，86％拥有硕士以上学位，58％拥有博士以上学位。"[2]研究人员的学科背景覆盖社会学、法学、商学、工程学、物理学和计算机科学等各个领域，为兰德公司能够持续和准确地进行科研活动提供了保障。其次，在数字化时代，决策咨询机构的信息化水平，尤其是获取和运用大数据进行决策咨询的能力对优化决策咨询机构的功能有着重要价值，这样可以通过新的数据处理方式完善原有的信息，使得各项研究始终处于前沿位置。另外，信息化人才也是推动决策咨询机构信息化水平的重要力量，掌握丰富的计算机技术、网络技术等先进的信息技术是信息人才必备的条件，同时配合安全、稳定的环境，才能满足决策咨询机

---

① 王桂侠，万劲波.决策咨询机构运行机理和信息运行机制研究[J].情报科学，2015(5)：15－19.
② 王佩亨，李国强.海外决策咨询机构：世界主要国家决策咨询机构考察报告[M].北京：中国财政经济出版社，2014：12.

构基本的要求。另外,资源的信息化也是影响决策咨询机构信息化建设水平不可忽视的一部分,信息资源并不像设备资源那样直接展示信息化发展程度,其实质是信息技术"软实力"的体现,通过先进设备作为基础支撑,获取决策咨询机构在科研中所需的信息资源,或将获取到的资源转换为可计算、可统筹、可共享的信息化资源,才能实现决策咨询机构功能的优化。

(二)外部因素:渠道拓展

在决策咨询机构进行信息获取的过程中,外部因素对信息获取成果的数量、质量有着极其重要的影响,特别是为了获取可用的、高质量的信息资源,必须研究其外部因素。外部因素中信息获取渠道影响最为核心,政府决策咨询机构应充分利用官方渠道,同时尽可能开拓非官方渠道来获取不同类型的信息,从而保证信息获取的广泛性。

首先,官方渠道。传统的官方信息获取渠道包括公告栏、报纸或期刊等。"网络时代,信息技术的发展增加了信息公共获取的途径,使信息获取方式从传统的物理空间向虚拟空间转移。"[1]我国目前最具有代表性的官方信息获取渠道就是政府门户网站,政府通过政府公报、统计数据、年鉴等信息的公开,来增加政府公信力,增强社会监督,这些信息也为政府决策咨询机构获得官方数据提供了条件。除此之外,部分决策咨询机构建立了与官方的密切合作关系,直接从政府相关部门和单位获取第一手的官方信息和数据,信息的精确性、广泛性和深入性都更高,能够为决策咨询机构功能实现最大化提供强有力的支撑。

其次,非官方渠道。国外决策咨询机构大多拥有自己独立的信息数据来源,帮助他们获取大量颇具价值的一手信息,"如远在欧洲的德国所建立的科学与政治基金会(SWP)就设有八个专属的研究室:欧洲一体化研究室、欧盟对外关系研究室、国际安全研究室、美洲研究室、俄罗斯联邦研究室、中东和非洲研究室、亚洲研究室和全球问题研究室。"[2]有着发达决策咨询机构网络体系的美国所建立的斯坦福研究所(RSI)不但在本国设有多个

① 朱婕.网络环境下个体信息获取行为研究[D].长春:吉林大学,2007.
② 王世伟.试析情报工作在决策咨询机构中前端作用:以上海社会科学院信息研究所为例[J].情报资料工作,2011(2):92-96.

办事处,同时在欧洲、中东和东亚等地设有众多办事处来支撑其大量的信息需求。"而中国的邻国日本所建立的野村综合研究所(NRI)是日本民间最早的决策咨询机构,其在伦敦、华盛顿、纽约、新加坡及中国香港等地都设有各种事务所,负责搜集有关的信息和情报。"①

最后,其他渠道。比如美国的"旋转门"机制也是政府决策咨询机构获取信息的重要渠道之一,它既有官方渠道的高准确性的特点,同时也具备了非官方渠道高效率的属性。"旋转门"机制通过政府官员和决策咨询研究者不断地互换角色,使得政府决策咨询机构在核心人员的交流中获得大量在单一领域中无法获得的信息,帮助其在公共政策研究方面拥有大量宝贵的一手资料。

官方信息获取渠道和非官方信息渠道在信息获取上有着各自的优势和不足。官方渠道在信息获取上具备更高的权威性和准确性。首先,由于官方渠道所获得的信息都经过政府认证,而政府又具备足够的权威性,所以官方渠道所获取的信息必然在认可度和安全性上有所保障。其次,由于官方渠道所获取的信息通常经过国家验证和审查,需要经过国家认可后才能予以发布,所以信息内容在准确性上得到一定保证。然而,官方渠道受体制因素影响较多,自然在信息获取上也有其局限性,由于政府决策过程需要经过一整套较为缜密的流程,所以作为决策信息主要来源的官方渠道自然需要通过反复的审核流程来确保官方信息的可靠性,但这无形中降低了信息的新鲜度,使得一些原本可以对决策咨询提供大量帮助的信息由于缺乏时效性丧失了原有的价值。而非官方渠道所获得的信息与官方渠道相比,除了更具时效性外,信息获取渠道也更为丰富。因为,我国官方渠道在信息挑选上受相关监督部门监管,使得一些与我国主流思想相违背的信息会在信息监管中被舍弃,因此可供选择的官方渠道较为单一。而非官方信息获取渠道限制相对较少,独立性更强,因此信息获取渠道也更为多元化。当然非官方信息获取渠道在权威性、准确性和科学性方面也与官方渠道仍然存在较大的差距。

---

① 邹逸安,何立坚.国外思想库及其成功经验[J].中国科技论坛,1991(11):23-27.

二、达鹄：实现咨询目标

政府决策咨询机构的核心作用就是从事思想生产和决策咨询，具有前瞻性的政策思想可以宏观地影响决策者对国家利益的理解，更全面地把握决策方向。而决策咨询建议的提供则可以帮助政府官员在面对具体决策问题时多一种选择，或者从专家学者的建议中获得一些启发，从而尽可能完善最终的决策。在实现咨询目标的过程中，决策咨询机构的问题导向模式以及各机构间的合作机制是政府决策咨询机构实现其决策咨询目标的重要因素。

（一）内部因素：问题导向模式

政府决策咨询机构的最终目的是为政府提供政策建议以及解决政府决策中产生的一系列问题，而政府决策咨询机构不同于一般研究中心就在于其以问题为导向的基本策略。政府决策咨询机构不但承担着科学研究和人才培养的基本功能，同时也承担着服务社会的重任，帮助政府解决政策问题正是社会服务的重要部分。问题导向与学术导向的关系是政府决策咨询机构，尤其是高校决策咨询机构长期以来探索的问题。以高校决策咨询机构为例，高校是不同领域和不同专业的高学历人才集中的地方，高校决策咨询机构在政策问题研究上自然也具备了天然的优势。如何将高校决策咨询机构所研究的问题与政府部门所需要解决的问题相匹配，则是政府决策咨询机构发展中值得思考的问题。不能够解决决策者现实问题的研究成果只能被称为学术成果，其离政府决策咨询机构咨询目标的实现还有很长一段距离。因此，问题导向模式的建立是政府决策咨询机构实现决策目标必不可少的一环。

（二）外部因素：合作机制

政府决策咨询机构是一个跨领域、跨学科的知识汇聚平台。不同类型的决策咨询机构拥有各自不同的特点，体制内决策咨询机构享有更多官方信息资源，具备更多处理政府决策咨询问题的经验。体制外决策咨询机构与体制内决策咨询机构相比虽然缺乏信息资源获取的优势，但由于其不隶属于任何政府机构，在政策研究和咨询方面也避免了许多约束，拥有更为宽松的政策研究环境,为决策咨询成果的质量提供了一定的保障。另外,体制外决策咨询机构在人才引进方面由于不像体制内决策咨询机构一样存在部分硬性限制,可以根据自身需要进行人才的引入,这样的机制使其能够在引进一些特殊人才时更具竞争力,而缺乏特殊人才往往是一些体制内决策咨询机构无法深入研究某一决策咨询问题的瓶颈所在。

可见,体制内外的决策咨询机构的功能发挥各有其特点和优势,并且在特定的合作机制下,能够实现有效互补。因此,体制内政府决策咨询机构与体制外决策咨询机构的合作机制是实现决策咨询目标的重要途径。"当下,我国决策环境的变化以及决策议题的多样性、政策制定的复杂性在客观上迫切需要体制内决策咨询机构与体制外决策咨询机构精诚合作,站在科学和理性的高度,为政府决策供给高水平的谋略。"[1]决策咨询机构最重要的功能就在于为公共决策提供先进的、专业的政策建议。面对复杂多变的社会环境,无论是体制内依托政府资源的官方决策咨询机构还是体制外借助民间力量的非官方决策咨询机构,都不足以仅仅依靠单独一方的力量对社会和公共问题进行全面的研究和分析,而必须通过整合不同学科背景、不同研究领域的人才和思想资源才能应对,因此需要各方通力协作,发挥自身的特色和优势,探索出一条多方合作的有效路径。

三、整合：协调组织运作

结构功能主义理论下政府决策咨询机构的整合功能主要是指决策咨询机构借助其独有的组织协调功能,对高校、各类研究机构以及政府进行信息和人力资源的整合。整合过程中影响因素主要包括组织机构的整合、人才资源的整合以及信息资源的整合、人才资源的整合等方面。

（一）内部因素：组织机构和人才资源整合

政府决策咨询涉及政治、经济、社会、文化等多方面,决策咨询机构既有单一业务构成,也有复合业务构成,既有体制内机构,也有社会化运营机构,要最大限度地发挥好决策咨询机构的作用,就必须整合决策咨询机构设置,

---

[1]　金家厚.政府决策咨询机构与民间决策咨询机构的合作与交流[J].重庆社会科学,2012(7)：92-97.

通过优化组合、劣势淘汰等形式,打造适合政府决策咨询的优质化、全方位、效率高的决策咨询机构体系。同时,决策咨询机构内部设置也应进行整合,打造精干可靠的决策咨询管理体系和人才队伍。通过组织内部结构、岗位的整合实现政府决策咨询机构整体功能的优化。

人才资源的整合也是决策咨询机构主要的职能之一,国家社会、经济和文化的发展离不开各领域的专业人才,而政府决策咨询机构是培养和造就人才的摇篮。对人才资源进行合理配置的过程,就是决策咨询机构整合功能塑造的过程。首先,通过决策咨询机构专家遴选机制,对服务于决策咨询机构的专业人才进行系统的评价,挑选出具有较强咨询服务能力的专业人才。其次,必须具体分析每一位专业研究人员和专家的擅长领域,针对不同的咨询主题和研究内容,进行人才资源的优化配置与整合,特别是在跨机构、跨领域的合作中,要最大限度地发挥出整体人才资源优势。最后,要及时淘汰一些不具备从事决策咨询工作专业能力的工作人员,确保机构人员的质量。

(二)外部因素:信息资源整合

信息资源是政府决策咨询机构进行政府决策研究分析的基础,因此整合高校、研究机构等科研资源,加强与国内外学术机构、政研机构及咨询机构的交流与合作,促进信息资源共享,加强政府决策的智力支撑就显得尤为重要。网络社会背景下的信息分布和传播路径较传统社会更为复杂,每一种类型的研究机构获取和处理信息的方式与手段也不尽相同,而要掌握事物的全貌,往往需要对现有信息从多角度、多层次进行理解和剖析,整合信息资源,就是将各个研究机构对同一问题从不同的角度、用不同的方法分析得到的结果整合到一起。理想状态下的决策咨询机构具备建立、完善相关协调机制和协作网络获取相关信息资源的条件,通过围绕政治、经济、文化以及社会开展的研究工作,通过开展课题调研、学术交流活动等活动发挥决策咨询机构的特色优势。利用政府决策咨询机构的较强科研力量,打破学科之间、院校之间、地区和部门之间的界限,有效协调组织地区内各学会、协会和研究会力量,形成研究合力,共同解决社会问题。

四、维模：保持结构稳定

"组织结构是组织在职、责、权方面的动态结构体系，其本质是为实现组织战略目标而采取的一种分工协作体系。"[①]从组织结构来看，政府决策咨询机构也是由相应子系统组成，从系统结构与功能的相互关系可知，要实现其结构稳定，应在目标定位、技术支撑、管理机制和独立性等方面发挥其应有的功能。

（一）内部因素：目标定位、技术支撑和管理机制

政府决策咨询机构的目标是服务特定领域的公共事务决策、业务咨询和引导公共舆论，以实现其思想政策化、制度化并付诸实践。结构是功能的运行载体，功能是结构的质量判定，要维持决策咨询机构的结构稳定，就必须发挥决策咨询机构功能，而要发挥决策咨询机构的功能，首先要明确组织目标，包括长期目标、中期目标以及短期目标，根据目标要求，对组织人、财、物等资源进行配置，以阶段性形式，确保决策目标的可实现性。目标的设定则要求机构领导者及各层级人员具有明确的工作规划与思路，从而实现在目标引领下机构的健康发展。

政府决策咨询机构的技术支持主要是指决策咨询机构的知识体系、技术方法体系、设备和设施等，是决策咨询机构重要的资源体系。这是关系决策咨询实现的重要环节，也是串联起整个机构运行的主脉络，知识体系的构建直接决定了决策咨询机构的专业性，技术方法和各类设施条件则是实现决策咨询目标的重要支撑，影响着决策咨询提供的效率和质量。

政府决策咨询机构的管理机制有内部管理机制和外部管理机制，内部管理机制是指通过计划、组织、指挥、协调、控制等管理方式实现决策咨询机构的良好运转，其中涉及建立科学合理的评价标准和奖惩机制，从目标考核和绩效管理的角度，促进决策咨询机构的优胜劣汰、良性竞争，以及机构本身的健康成长，从而实现功能优化。而外部管理机制是通过协调决策者、捐助者、投资者和普通大众的互动关系，解决政府决策中引起的各利益体之间

---

① 张家年，卓翔芝.融合情报流程：我国决策咨询机构组织结构和运行机制的研究[J].情报杂志,2016（3）：42－48.

的矛盾,从而提高决策者适应外部环境的能力,促进决策咨询机构可持续发展。

（二）外部因素：保持独立性

政府决策咨询机构自身建设的核心问题就是保持其独立属性,而决策咨询机构是否能够具备独立性的基础条件则是人员、智慧、资金和运行机制。决策咨询机构的人才培养、考核和发展机制直接影响了机构的成员比例和结构,而成员决定了决策咨询机构对公共舆论环境信息的整合程度。在提供政策方案时所运用的思想、手段和方法则是政府决策咨询机构智慧的直观展示。资金则会影响政府决策咨询机构的议题选定,并为决策咨询机构的整体系统运行提供系统保障。运行机制是决策咨询机构各组成要素在特定的政治经济社会文化等背景下,通过意识形态、组织建设、规章制度确立、人才建设、资源建设和文化建设等,实现决策咨询机构的研究咨询、人才储备和沟通宣传等功能。因此,保持决策咨询机构的独立性,需要让决策咨询机构在人员、智慧、资金和运行机制等方面拥有决定权,从我国决策咨询机构的发展现状来看,无论是官方、半官方还是民间决策咨询机构,都离保持独立性的基本要求相去甚远。

第五章
发达国家决策咨询机构功能塑造经验借鉴

　　现代新型决策咨询机构发展起源于西方。纵观西方国家政府决策的发展历史,政府决策咨询机构在西方各国的经济、社会和军事的发展中扮演着重要的角色,同时决策咨询机构的迅速发展也是西方各国快速崛起的重要原因之一。西方各国在长期的公共治理过程中积累了相当丰富的经验,他们结合本国特殊的政治体制,打造出适合本国国情并且独具特色的政府决策咨询体系。政府决策咨询体系不但与西方各国的公共治理体系相对应,而且已经与国家的经济状况、政治文化和社会环境深度融合且紧密联系,为政府在公共治理中的决策提供保障。目前我国政府决策咨询机构与西方相比还处于发展的初级阶段,发展过程中必然会遇到阻碍和瓶颈,通过借鉴西方决策咨询机构发展中的经验和教训,学习他们在功能塑造之路上的先进做法,必然会为我国的决策咨询机构的发展和功能实现提供帮助。本章我们将从西方决策咨询机构的决策咨询模式、筹款方式、人才培养模式和运作模式等方面对其功能进行综合分析,找出塑造功能的切入点,并结合我国国情找出其中值得我国决策咨询机构借鉴的经验和启示。

第一节　"分权"决策模式

　　我国从两千多年的封建统治时期发展到目前的人民民主专政期间经历了无数次的成功和失败,虽然如今民主集中制已经深入人心,但科层制模式的存在使得我国的决策模式始终无法真正摆脱中央集权的烙印。相比我国政府决策咨询决策权力过于集中的现状,西方发达国家早已将"分权"决策模式熟练地运用于每一个决策议案中,而分权模式也为西方政府决策咨询机构更好地发挥功能提供了条件。

一、权力的分散和决策的民主化

美国是典型的"分权"决策模式国家,主要原因在于美国是一个由不同种族、不同肤色和不同国籍人群组成的移民国家。作为联邦制国家,美国的立国过程就是不同州根据自身的利益民主协商形成新的国家的过程,其宪法对权力分列、互相制衡也有明确的要求,可以说分权制衡是美国立国之本,也已融入这个国家的各种机构和制度建设中。"美国政府决策的一般程序是公众的意见通过各区公选的议员反映到议会,议会向相关委员会咨询,并多次举行公听会,在综合了各方意见后,议会做出决定。"①可以看出,美国的决策模式以"自下而上"为主,权力的主体在于公众而并不是单一政府,公众的利益诉求都可以通过渠道反映到议会。而议会的决策不可能是"拍脑袋"进行决策的,任何议案的决定都离不开具有专业知识的政府决策咨询机构专家的研究。因此,这种权力多元化的模式无形中为政府决策咨询机构的发展提供了土壤。

我国的国情及发展阶段与西方发达国家有一定差异,政府决策有自身的特点。改革开放以来,随着经济发展和互联网等技术的出现,政府决策逐渐由原来的"关门决策""精英决策"为主逐渐向"系统议程""政府议程"相结合的决策过程转变。近年来,科学民主决策已成为政府内外的共识,政府越来越重视各级各类政策决策系统的作用,大力发展决策咨询机构建设。而从西方决策咨询机构建设的实践可以看出,决策咨询机构参与到政府公共治理决策中可以帮助建设民主政治的同时保证决策民主化。我国市场经济体制不断完善的同时社会利益多元化也越来越明显,民众参与公共事务的热情和愿望不断提高,决策咨询机构作为桥梁纽带,能够协调政府与各利益

---

① 宋海燕.美国的分权决策与教育理念[J].特区实践与理念,2009(6):48-50.

集团及民众之间的关系,这些都为政策的制定与执行奠定了基础,也体现了决策民主化的特点。

当然这一过程是渐进的过程,与发达国家相比力度仍然有限。我们应该结合欧美政府决策的成功经验。在政府决策的过程中,给予地方政府和民间机构更多决策参与权利,使政府决策咨询机构有更多发展空间。

二、决策信息的公开性和开放性

所谓分权的决策模式,除了权力的分散,还包括决策信息的公开性和开放性。政府决策的主体除了政府部门以外,公民也同样享有参与政府决策的权利。决策机制的透明化,可以使公众在了解政府决策的同时,加大对政府决策的信任。而政府决策咨询机构是政府和公民之间沟通和交流的桥梁,政府决策咨询机构可以通过特有的决策咨询人才将公民的想法和希望转变为政策建议,使得公民切身感受到可以通过决策咨询机构这一渠道传达自己的想法。公民一旦被完全隔离于政府决策机制以外,会使他们将政府决策看作与自己毫无关系的事情,这对政府决策的健全发展来说是极为不利的。决策信息的透明和公开是决策咨询机构能否充分发挥自身功能的先决条件。而国外在关于决策信息的公开性方面有着许多值得借鉴的经验。

首先,通过法律法规支撑决策信息公开的可行性。政府决策咨询发达的美国也是开始决策机制公开较早的国家之一,比起欧洲各国的决策机制公开,美国的决策信息公开可谓做得更为完善。主要原因就在于美国很早通过立法的形式保证了决策信息公开制度的重要性,"1966年制定的《信息自由法》,第一次在成文法中保障了私人取得政府文件的权利。这在美国历史上是一次革命,在世界行政的发展上也是一个重要的里程碑。"[①]而我们的邻国日本也早在1999年就制定了《情报公开法》,将政府决策机制的部分公开以法律的形式规定下来。

全球范围内不同国家针对政府决策的信息公开问题较为常见的处理方

---

① 王名扬.美国行政法[M].北京:中国法制出版社,1995:957.

式有两种,一种方式是制定一部关于政府决策机制公开的法典,以立法文件的形式来系统地规定政府决策信息公开中所涉及的具体对象、程序和内容。而这样的模式具有立法效率较高和立法成本较低的优点,政府决策中遇到的任何有关决策模式公开问题都可以对照法典,做到有法可依。其缺点在于,实践性较弱,遇到部分现实问题时缺乏可操作性。另一种形式则是将政府决策机制公开化纳入整个法律体系框架中,通过分析实践中遇到的所有有关政府决策机制公开问题,以立法形式从不同角度、不同层面对政府决策机制公开内容进行规定,形成几部独立又存在密切联系的法律法规。最后对这些独立的法律法规进行整合形成较为完善的法律制度体系。这种模式优点在于通过实践检验的法律法规针对性强,具有较强的可操作性。而缺点则是耗费时间较长,要形成一个完备的政府决策机制公开法律体系往往需要长时间的积累和较多案例研究作为基础,因此该模式的立法成本也相对较高。

其次,对决策信息公开的范围进行清晰界定。当今世界,较为常见的政府决策制度都是以决策机制公开作为原则,将豁免公开的决策机制进行列举规定,而那些没有被提到的政府决策内容都应当被纳入其中。"结合我国国情,可以享受豁免公开的有以下几项:公开会危害国防和国家安全的信息;公开会损害外交利益的信息;公开会影响公共安全和公共秩序的信息;公开会对国家宏观经济稳定产生重大影响的信息;未成熟的信息,包括审议讨论中的信息和正在研究统计与分析的信息;行政机构内部人事信息和内部工作制度;涉及公民隐私权、著作权、职业秘密、商业秘密的信息等。"①而对于除以上豁免公开的决策机制信息以外,我国并没有对其他决策信息进行相关规定,使得政府在实践中,大量没有明确是否应当公开的政府决策信息不被民众所知晓。因此,决策机制信息公开仍然处于我国政府决策中的死角位置。

美国的相关制度则更为完善,除了遵循肯定列举加概括规定应当公开的信息、否定列举排除免予公开的信息原则外,还对一些特殊的情况做了非

---

① 应松年,陈天本.政府信息公开法律制度研究[J].国家行政学院学报,2002(4):59-64.

常具体的规定,防止政府以特例作为理由对一些本该让民众知情的决策内容进行不同程度地遮掩,损害公众的知情权。

此外,其他国家在处理政府决策信息公开问题时也有着一些值得借鉴的做法来完善政府决策信息公开制度的严密性,防止信息公开死角的产生。英国在明确列举了 25 类信息公开豁免的同时,又对这 25 类信息进行了进一步分类,只有 8 类规定为绝对例外公开信息,而另外 17 类信息规定为相对例外公开信息,需要根据实际情况进行评估来确定是否豁免于公开条款中。而日本在信息公开的相关规定中也结合自身的国情,制定出较为完善和详细的规定。规定指出,除规定的五项信息不予公开的情形外,任何公民都有权利和渠道向政府提出信息公开的申请并由政府组织专家进行评估,对部分不能公开的政府决策信息则采取部分评估的方式,将不能公开的部分做保密处理后对余下部分予以信息公开处理。

最后,不断加强对决策信息公开程序的完善已经受到越来越多国家的重视,美国在这方面就早已走在了世界前列。其《信息自由法》中明确规定了信息公开的相关程序,其中指出"申请人要提出书面申请,政府机关收到申请后,要在 10 日内作出决定,对于拒绝申请人请求的,当事人可以提出复议,复议机关收到复议申请后,要在 20 日内作出复议决定。"[1]亚洲范围内相比我国对于政府信息公开的程序问题还停留在依靠条例来加以约束,我们的邻国韩国是较早制定关于信息公开法律的亚洲国家,可谓是亚洲信息公开的先行者,韩国对于决策信息公开的程序进行了更具弹性的规定,尤其在法律诉讼中体现得较为明显,"法官在认为必要时可以以不公开的方式对所争议的信息进行审查。"[2]除此以外,瑞典是世界范围内最早确立信息公开制度的国家。瑞典从 1766 年制定关于信息公开的法律开始,不断地完善着程序,使程序更为合理化和人性化。"1949 年瑞典对《出版自由法》进行了重要修改,规定了公文公开的时限、当事人的申请、审查、许可以及不服申诉程序等。"[3]

---

① 周汉华.中美政府制度异同[J].公法研究,2002(1):1-2.

② 向佐群.政府信息公开制度研究[M].北京:知识产权出版社,2007:87-88.

③ 宗诚.国外信息公开立法对我国《政府信息公开条例》的启示[J].理论与探索,2010(3):37-40

我国在决策信息公开的程序制定方面还处于发展阶段，许多程序规定还不够完善，在面对实际问题时，信息公开程序的不严谨会导致实际操作的困难，使得公众无法依法享有本该拥有的权利。更严重的是，信息公开程序的不完善会为官员的贪污腐败提供温床，使得腐败官员找到遮蔽其腐败事实的保护伞，对公共权力的维护具有相当大的危害。而世界各国在决策信息公开程序上的规定对我国程序的完善具有相当大的借鉴作用，虽然由于国情的不同，许多相关政策不能够完全照搬，但是仍然有一些政策亮点值得我们效仿。

第二节　筹款方式的多样性

我国的政府决策咨询机构由于制度缺乏和体系机构不合理，资金筹集方式相对单一，体制内政府决策咨询机构占垄断地位，而大多体制内政府决策咨询机构的资金来源方式又仅限于政府的资金支持，导致决策咨询机构严重缺乏市场运作意识和能力。一些决策咨询机构发展较为领先的国家由于国情和优势不同，其主要资金来源所依托的渠道也不同。以美国为例，其经费来源中社会捐赠占较大比例，而政府拨款则是欧洲各国以及日本较为侧重的经费来源渠道。但是这些国家决策咨询机构的经费来源远不止如此，出版物收入、会员会费收入以及投资和出租收入等都是他们多元化经费来源的构成。

从国外的政府决策咨询机构的资金来源来看，"由于明白资金独立性是影响政府决策咨询机构思想独立性、竞争力和影响力的重要因素，他们一般会结合税收减免等政策，鼓励多元化的资金来源渠道和社会投入机制。"[①]从而改变本国的决策咨询机构对某一类资金来源渠道过度依赖的情况，实现资金来源的动态化扩展。目前提升经费渠道多元化构建已成为世界各国决策咨询机构较为认可和效仿的做法，也是未来发展的趋势。多元化

---

① 李占峰，金家厚，鲍宗豪.中国决策咨询机构发展亟需理念和制度创新[J].开放导报，2011(6)：100－104

的资金来源渠道可以提升政府决策的独立性,为决策咨询机构的功能发挥提供基础,通常情况下国际上决策咨询机构的资金来源渠道可以分为下列四种。

一、来自政府的财政拨款

政府决策咨询机构是为政府决策出谋划策的研究组织,他的发展自然离不开政府的支持。与大多数国内的政府决策咨询机构一样,国外的政府决策咨询机构的发展也同样需要依靠一定程度的政府支持。例如,德国是欧洲政府决策咨询机构发展较为迅速的国家之一,"赫尔姆霍茨研究联合会90％的基础资金都由联邦政府提供,其余10％由地方政府提供;马库斯普朗克学会及莱布尼茨科学联合会的资金一半由联邦政府提供,另外一半由二者所在地的邦地斯兰政府提供。"[①]而拥有先进决策咨询理念的英国和美国同样在资金方面离不开政府的支持,"英国的国家发展研究所的69％资金来源于政府的支持;美国社会经济国立研究所的40％资金来源于政府资助。"[②]而兰德公司是其最重要的以军事为主的综合性政府决策咨询机构,"兰德公司65％的资金也来源于美国联邦政府。"[③]韩国的科技政策研究所虽然不直接隶属于政府,但政府支持仍然是其资金来源的主要渠道,"NRCS提供的2013年最新的预算报告显示,韩国科技政策研究所(STEPI)的预算将达168.04亿韩元,其中财政拨款115.09亿韩元,占预算总额的68.5％,自主收入52.95亿韩元,仅占预算总额的31.5％。"[④]

二、非政府组织、企业及个人资助

非政府组织及个人的资助是国外部分政府决策咨询机构获得资金的重要渠道。相比国内政府决策咨询机构主要受助于政府的支持,国外的政府

① 多丽丝・菲舍尔.决策咨询机构的独立性与资金支持:以德国为例[J].开放导报,2014(4):29-32.
② 安淑新.国外智库管理运行机制对我国的启示[J].当代经济管理,2011(5):88-92.
③ 赵蓉菁,郭凤娇,邱均平.美国兰德公司发展及对中国决策咨询机构建设的启示[J].重庆大学学报,2016(2):125-131.
④ 张宝英.全球主要科技决策咨询机构发展类型及产品特点分析[J].中国矿业大学学报,2016(2):68-75.

决策咨询机构同样关注社会、企业和个人对于政府决策咨询机构的支持,而国外的一些组织和个人同样也对政府决策咨询机构的发展具有浓厚兴趣。《2012 年中国慈善捐助报告》显示,我国 2012 年社会慈善捐款总额约为人民币 817 亿元,相当于美金 100 亿元左右,相较中国,美国每年国内各类捐款总额已超过 3 000 亿美元,其中有三分之一的捐款资金是用于教会等宗教社团的建设,而其余接近二亿美元的捐款资金主要用于决策咨询机构、学校和一些慈善机构等非营利组织。两个国家对于捐款的不同文化理解造成了捐款在美国可以被看作一项全民活动,而在中国则主要集中在少数人身上。因此国外决策咨询机构每年通过捐款获得的资助是相当可观的。捐款主体中基金会是相当重要的组成部分,它是决策咨询机构通过社会资助获取资金支持的主要来源渠道。例如,英国苏塞克斯大学科学政策研究所(SPRU)是一所主要研究科学和技术方面政策问题的决策咨询机构,其资金主要来源也依靠各类基金会的定向资助。此外,像美国那样的西方发达国家决策咨询机构获得的基金会支持更是超过了企业赞助;同样,决策咨询机构也很重视基金会的资金来源,会成立专业核心团队吸引基金会的支持。组织资助除了有基金会资助外,接受企业的资助也是不可忽视的一部分,在德国和英国许多跨国企业都为决策咨询机构提供了巨大的经费支持。除了通过组织进行的资助,西方国家的个人捐赠也为决策咨询机构实现资金来源多元化提供了支持。例如 21 世纪初英国的费边社就是很好的例子,其个人捐赠在总资金来源中甚至超过了三分之一。美国的布鲁金斯研究会资金来源 90% 来源于捐款,其中董事会主席是较大的投资者之一。

即便是一些依托大学开展研究的政府决策咨询机构,其资金也主要并非完全来自政府,一些非政府组织和个人的资助才是其资金来源的主要渠道。"具有代表性的是德国的开发研究中心(ZEF),其将近 80% 的资金来源于各类基金的资助。"①另外,美国的信息技术与创新基金会(ITIF)以及日本的未来工学研究所(IFTECH)主要资金也来源于一些大型企业和私人捐赠。

---

① 慕海平.借鉴国际经验打造有影响力一流决策咨询机构[J].比较与研究,2011(3):57 - 61.

企业、基金会或私人愿意捐助这些决策咨询机构主要原因在于首先国外独特的税收体制,例如美国的税收制度规定捐赠给决策咨询机构的资金是可以用来抵税的;其次,企业和个人可以通过政府决策咨询机构的社会效益提升自身的知名度,并获得一些咨询帮助。因此这些民间资助逐渐成为国外决策咨询机构多元化资金渠道的一个重要部分。

三、服务性收入

研究合同所带来的收入同样是国外决策咨询机构资金来源中不可忽视的重要依靠。伴随着现代政府决策咨询机构研究能力和研究水平的不断提高,政府和非政府组织的拨款或捐赠早已不再是决策咨询机构生存发展的唯一来源。"政府决策咨询机构也如大部分服务机构一样逐步走向市场,为政府或非政府组织提供研究服务并获得资金维持机构自身运作。"[1]决策咨询机构通过与政府签订研究合作协议或决策咨询服务协议建立合同关系,"如兰德公司的很多合同是同美国联邦政府签订的服务合同,每年有700~800个项目在同时进行。"[2]

政府决策咨询机构除了拥有大量研究合同以外,其对于包括各类书籍、研究报告和期刊在内的研究产物的销售也能为其带来可观的收益。虽然此部分决策咨询机构资金来源的比例较小,但仍然是不可或缺的一部分。以美国农业决策咨询机构为例,"美国农业决策咨询机构都会定期出版研究著作、简报、报告、期刊等,这些出版物的销售收入会作为决策咨询机构经费的一部分,投入农业决策咨询机构的日常经营之中。据统计,2014年布鲁金斯学会出版了50本著作,出版收入占学会全部运营资金的2%。"[3]此外,决策咨询机构还可以通过召开相关会议、提供课程培训以及咨询服务等方式来获取资金。

西方决策咨询机构可以通过服务性收入来多元化机构自身经费来源渠

---

① 汤珊红,秦利,王朝飞,王晓云.兰德做法对发展一流决策咨询机构的启示[J].情报理论与实践,2014(9):30-34.

② 安淑新.国外决策咨询机构管理运行机制及对我国的启示[J].当代经济管理,2011(5):88-92.

③ 梁丽,张学福.美国农业决策咨询机构组织结构、运作机制及启示[J].中国农村经济,2016(6):81-92.

道。而严格把关科研项目成果的质量则是保障服务性收入稳定的重要基础。与我国重视申报而轻视研究的状况不同,西方先进决策咨询机构非常重视科研项目动态化管理,强调全程动态化管理科研项目从申报选题、项目研究再到成果评估的整个过程。其实,重视决策咨询机构的科研成果质量不仅仅在于服务性收入可以为决策咨询机构带来更多的经费支持,而且在于这些研究成果是影响决策咨询机构声誉和未来长期发展的决定性因素。

四、资产的增值

政府决策咨询机构的资产包括动产和不动产,政府决策咨询机构的收益除了其本身获得的捐助和委托业务收取的服务费外,其本身的价值也随着不动产的增值、投资回报以及银行获得利息等方式获得收益,这也是政府决策咨询机构资金来源之一。

第三节　重视人才管理和培养

拥有优秀人才并对人才进行合理配置和管理是决策咨询机构发展的关键所在。我国决策咨询机构在人才管理上,受经费、编制、政策以及观念的约束,在优秀人才的引进上并不能完全从决策咨询机构的需求出发进行操作,而需要同时考虑许多额外因素,这样的结果不仅使得决策咨询机构失去了很多引进优秀人才的机会,也使机构本身出现大量人才流失。此外,原本在决策咨询机构工作的研究人员,也由于缺乏淘汰机制产生人浮于事的状态,严重影响了决策咨询机构运作的效率。相比国内政府决策咨询机构,国外决策咨询机构非常注重相关从业人员的能力、素质、品德的培养,重视建立合理的人才培养、流动、合作、激励机制,这些机制使得相关研究人员的工作效率、研究质量得到提升和保障。在这一系列的机制背后,还有一个重要的因素不容忽视,"那就是美国等发达国家从根本上重视政府决策咨询机构的发展,为其发展提供了一系列的政策保障,这使得他们有财力可以吸引高素质的专家和分析师。"①

一、重视研究能力的培养

研究能力是政府决策咨询机构赖以生存的重要工具,因此研究能力的培养也是大多数发达国家较为重视的工作,日本在政府决策咨询机构人才队伍的建设方面相当重视,"对人员的考察侧重分析判断能力、解决问题能力、动手能力、合作能力、创造能力和专业转变能力等。"②这些能力的提升大大加强了日本政府决策咨询机构的工作效率和工作能力,提高了政策研究的质量和数量。美国作为世界人才储备大国,对决策咨询机构人才研究的专业性培养方面则更为重视,"兰德公司早在1970年就成立了兰德研究院,专门培养政策分析、研究方面的人才。"③专业人才的培养有效缓解了美国政府对政策研究人才的需求压力。

培养决策咨询人才能力就离不开完善的决策咨询机构人才管理模式。西方国家具有非常完善的人才培养体系。而目前我国的决策咨询机构人才培养机制仍然存在人才的侧重培养和忽视培养的情况,使得整个人才培养模式缺乏科学化和系统化。因此对人才管理机制进行全面改革是提升决策咨询人才综合素质的必经之路。人才管理模式的完善应当从人才梯队建设着手。人才的培养具有一定层次性,一步到位的培养模式是不存在的。人才梯队建设不但可以使人才的知识结构、经验结构和年龄结构达到均衡,还可以通过人才培养的传帮带效应加快中青年决策咨询人才融入和适应的速度,传承过去先进人才强大的知识、经验和精神财富。同时结合青年人自身具备的特点,提升决策咨询机构的创新能力。此外,决策咨询机构人才发展的长期规划也是相当重要的,长期规划可以帮助决策咨询机构留住人才、吸引人才并有效引导人才,通过重视个人的发展来达到壮大决策咨询机构人力队伍的作用。西方国家相当注重人才交流合作机制,大型机构成立自己

---

① 斯蒂芬,奥尔森.美国决策咨询机构的发展或可供中国借鉴[J].开放导报,2014(4):17-23.
② 王志章.日本决策咨询机构发展经验及其对我国打造高端新型决策咨询机构的启示[J].思想战线,2014(2):144-151.
③ 侯经川,赵蓉英.国外思想库的产生发展及其对政府决策的支持[J].图书情报知识,2003(5):23-25.

的学院或研究院是一种比较普遍的做法。另外,还为有志于政策咨询工作的年轻人提供"实习项目"。一般做法是招聘相关领域的大学生、研究生进入相关实习项目,可以派他们到高等院校、大型公司、政府机构或者决策研究机构开展交流学习。在提升自身研究能力的同时,通过在相关单位的工作中历练才干,获取宝贵的政府决策咨询经验。这样做可以帮助那些有潜质的研究人员将所学和实践相结合,不再仅仅将公共决策理论停留在书本,同时也避免信息的闭塞导致的社会资本匮乏。以那些知名决策咨询机构为例,"兰德公司把派研究人员去政府行政部门任职作为一种特殊的'进修';兰德公司和伦敦战略研究所还定期互派访问学者,野村综合研究所和斯坦福研究所等也经常进行人员交流。"①著名的美国"旋转门"机制为我国决策咨询机构人才交流合作提供了启发,虽然由于国情不同我国不必也无法照搬其旋转模式。但是可以适当效仿其中共通的做法,根据各地区的特点通过访问、挂职和借调等形式实现人才的互动与交流。此外,建立人才奖惩机制也是人才管理模式中的重要一环,通过完善人才评价体系构建决策咨询机构内部的竞争、评估、激励和惩罚机制,激发决策咨询人才的主动性和积极性。综上所述,决策咨询机制可以通过人才梯队建设、人才发展规划、人才交流合作机制和人才奖惩机制等方式优化人才管理机制,最终达到提升人才研究能力的目的。

二、重视道德素质的培养

国外政府决策咨询机构除了重视研究人员的研究能力以外,对决策咨询机构专家的道德培养也相当重视,相比国内决策咨询机构专家在进行政策研究的同时不得不兼顾各种人情世故,国外的决策咨询机构专家的研究环境则显得较为简单,严谨的研究态度和研究结果的客观性是国外决策研究机构更为看重的。国外决策咨询机构把公益性看作培养决策咨询专家的基本原则,只有专家从内心将政策研究单纯地看作一项造福社会和造福国家的事情,他们才能够在决策咨询研究的过程中心无旁骛地开展研究。如

---

① 安淑新.国外决策咨询机构管理运行机制及对我国的启示[J].当代经济管理,2011(5):88-92.

果将权力、荣誉、地位和金钱作为开展决策咨询研究的首要目的,那在决策咨询过程中必然会担心自己的决策咨询结果是否对自己的事业发展有害,这样决策咨询的结果就很难具备科学性和客观性。此外,完善的法律法规和评估流程从制度上也降低了决策咨询专家学术腐败的可能性,为国外决策咨询机构的专家道德培养提供了基本的保障。

三、重视人才选拔的开放竞争

世界各国在人才选拔方式上都有着不同的做法。公开招聘是国外决策咨询机构选贤纳才的主要方式,一般会结合应聘者的学术造诣和实践经验来选专博相济的"T型人才"。多样性也是选才时的重要考量,诸如学科背景、学历、年龄结构等来合理配置机构人才,以提高效率,发挥其创造性。同样以兰德公司为例,"该公司有约950名研究人员,分别来自45个不同的国家和地区。88%的研究人员拥有高学历,其中60%的研究人员拥有博士学位,都拥有丰富的工作和研究经验。"①这样的人才结构使得兰德公司可以采用矩阵研究方式,根据研究项目的不同特点和目标,利用多元化的人才储备,进行多学科交叉合作研究,发挥互补优势,提升研究效率和资源配置的合理性。

四、重视人员考核的客观公正

考核激励机制是否客观公正也是人才留存的重要因素,不但关系到相关研究人员的评价,也会影响到对研究质量的最终把控。我国的政府决策咨询机构本身就缺乏完整系统的人才评价指标体系。而且由于决策咨询机构多以体制内的官方决策咨询机构为主,所以在人员的晋升尤其是解聘问题上即使有相关考核文件大多也很难实施。而西方发达国家的决策咨询机构都有着完善全面的考核制度,如兰德公司不但有"兰德高质量研究标准",此外根据研究内容的复杂性和特殊性还建立了"兰德特殊研究标准",考核标准对科研人员的晋升、续聘或解聘都进行了严格规定。正是由于这样公

①　安淑新.国外决策咨询机构管理运行机制及对我国的启示[J].当代经济管理,2011,33(05)：88-92.

正严密的考核方式加上严格的执行力才使得像兰德公司这样的决策咨询机构人才体系不断发展壮大。

第四节　运作模式的开放性

一、决策咨询机构人员来源的开放性

我国大多数的政府决策咨询机构都属于体制内的机构。由于受体制影响,绝大多数的研究人员都是隶属于本机构的稳定研究人员,而这些研究人员的准入机制较为单一,既需要通过国家公务员或事业单位考试又需要具备较高的学历层次。而一个国家的国情是相对复杂的,不是仅仅通过高学历的堆积就能做好决策咨询工作的。尤其是在我国的西部地区,以贵州省黔东南州政府发展研究中心调研为例,调研中工作报告显示,黔东南州政府发展研究中心拥有大学本科及以上学历 32 人,其中研究生学历 11 人。而黔东南苗族侗族自治州本身可以提供本科以上学历人才的学校只有凯里学院。大量更具实践经验的乡土决策咨询人才由于学历原因,无法发挥自身价值进入决策咨询机构工作。而机构本身又由于地区经济原因,人才流失现象也较为严重,种种因素对政府决策咨询机构的功能发挥形成了较大的挑战。

国外决策咨询机构人才准入机制显得更为灵活开放。机构中的研究人员既有隶属于本机构的稳定的研究人员,同时又有一定的流动的研究人员。稳定的研究人员队伍可以对研究中的常规工作进行高效的处理,减少磨合时间。而流动性研究人员则可以根据研究实际情况,临时组成针对性较强的团队,帮助解决一些较为专业的政府决策咨询问题,而在项目结束以后,决策咨询人员也可以更为自由地选择从政、从商或开展其他项目研究。西方的旋转门机制正是通过系统化的运作帮助研究人员自由进出于政府和决策咨询机构之间。

二、决策咨询机构对外交流的开放性

政府决策咨询机构是一个知识碰撞和汇聚的平台,近年来我国对政府决策咨询机构投入了大量的人力、物力和财力,决策咨询机构的发展速度也随之加快,大量西方先进的研究方法和研究理论被运用到我国的政策研究中去。西方发达国家十分重视决策咨询机构对外开展多元化和动态化的合作。对外合作交流不但可以提升决策咨询机构自身的影响力,让外界更了解自己的研究成果和思想产品,提升自身的品牌形象,而且可以通过长期的沟通交流建立一定的社会网络,为今后创新思想的融合和交流提供平台。

但相比发达国家开放的对外交流机制,我国仍有许多需要学习和借鉴地方。美国作为决策咨询较为发达的国家仍非常重视与其他国家的沟通与合作,"通过开展国际交流提高国际影响力,注重研究国际性、全球性问题,通过采取设立办事机构和分支机构、购买当地决策咨询机构等形式开展跨国扩张,组建全球或地区性决策咨询机构网络,在'第二轨道'外交中发挥独特作用,等等。"①同处亚洲的邻国日本在决策咨询机构的国外交流方面也相当重视,"日本的官方决策咨询机构'综合研究开发机构'(NIRA)专门有负责国际交流的国际合作部。而日本的防卫研究所除了从事防卫政策研究外,还承担着培训日本现役高级军官、文职官员和外国军事机构交流等多项任务,也邀请国外学者参与研究。"②此外欧洲的一些决策咨询机构也同样非常注重国际交流,"法国国际关系研究所与世界上主要的决策咨询机构保持合作关系,还与一百多家企业保持着合作伙伴关系,与 500 家研究机构互为合作成员。"③

近十年西方决策咨询机构开展对外交流合作的趋势愈演愈烈,一方面是由于近年来随着科技发展,公共治理问题变得越发复杂。过去仅凭单打独斗就能解决的政策难题的情况已经一去不复返了,多元化主体间的交流合作可以帮助决策咨询形成合力,提升政府决策的效率。另一方面由于西方各类决策咨询机构数量越来越多,相互之间的竞争也越来越大。决策咨

① 陈旭峰.中国特色社会主义新型决策咨询机构研究:美国经验对中国决策咨询机构的借鉴意义[J].西北工业大学学报,2010(4):3-6.
② 刘少东."第三次工业革命"的"思想产业":日本决策咨询机构的特点及启示[J].世界知识,2014(3):58-59.
③ 王佩亨,李国强.海外决策咨询机构:世界主要国家决策咨询机构考察报告[M].北京:中国财政经济出版社,2014:40.

询机构要想在竞争激烈的市场上占有一席之地就必须展现其在整个决策咨询体系中较为独特的功能优势。因此通过交流合作形成优势互补是强大自身的最佳方法,依然坚持抱残守缺的运营模式终将被时代淘汰。

第五节　重视非官方政府决策
咨询机构建设

　　我国由于体制原因对体制内和体制外政府决策咨询机构设有明确的界限,官方、高校和民间决策咨询机构在影响力、规模和经费支持上都有着巨大的差距。而国外无论何种政府决策咨询机构在资金来源等各方面都较国内更为多元化,各类决策咨询机构发展也各有特色,决策咨询机构间的界限也并非如此清晰。

一、充分发挥非官方政府决策咨询机构的政策咨询作用

　　英国的亚当·斯密学会和公共政策研究会都是政府资助占极小比例的决策咨询机构。其中亚当·斯密学会完全不接受政府部门的资金支持,其主要资金来自各类基金会、个人捐助或一些商业活动所带来的收益。亚当·斯密学会为英国政府开展包括经济、经济和教育等领域的政策咨询服务。"其倡导私有化,自1997年以来,这一决策咨询机构已成为世界范围内主张自由市场和自由贸易运动的组成部分。"①而公共政策研究会则是一家以捐助为主要资金来源的机构,其主要为政府解决包括气候、社区管理、移民和公共服务在内的决策问题并提供相应的政策建议。

二、搭建民间知识与公共权力的桥梁

　　"政府决策咨询机构是知识与权力之间的桥梁,以其系统化、专业化、客观化的优势给予政府决策有力支撑,从而使政府在公共决策中的'谋'与

---

① 王军,李双进.英国的思想库及其政治功能[J].河北师范大学,2003(1):88-96.

'断'实现有效的整合。"①我国的官方决策咨询机构由于具有体制内机构的天然优势,通常可以与政府部门无缝对接。而体制外的决策咨询机构由于自身条件和外部环境的因素,其不但无法获得政府的资助,而且无法真正为政府决策提供自己的力量。虽然如此,体制外决策咨询机构仍然有着体制内决策咨询机构无可比拟的优势,相比体制内决策咨询机构,其独立性更强,研究结果更为客观。所以国外决策咨询机构相当重视体制外决策咨询机构,也就是所谓的民间决策咨询机构的发展,通过民间决策咨询机构的发展搭建民间知识与公共权力的桥梁。为了搭建好这个桥梁英国政府对民间决策咨询机构提出减(免)税收的政策,使得民营企业高额的税后问题不再成为民间决策咨询机构为政府提供决策咨询的障碍,帮助民间决策咨询机构更快成长。"美国决策咨询机构的'旋转门'机制更是直接推动了决策咨询机构与决策者权力的高效融合。"②使得民间决策咨询机构的专家学者们可以同样获得进入政府工作的机会,为其从政提供平台,这样激励其在民间决策咨询机构工作期间更专注于政策研究和政策建议的提供。

第六节　案例分析:美国"旋转门"机制

中国的决策咨询机构中官方决策咨询机构依靠其官方背景可以有机会参与到政府决策中,但正是由于其体制内的背景,使得其在决策咨询时会影响从社会民众的角度提供决策建议。而民间决策咨询机构虽然出自社会更了解民众需求,但得到的政府支持较少,虽有决策咨询机构之名却无决策咨询机构之实。因此我国几乎不存在真正能做到贯穿所有阶层的决策咨询机构,这使得我国决策咨询机构的发展空间受到了很大的限制。反观美国咨询机构,由于有健全的体系作为保障,决策咨询机构对上可以与政府无障碍

①　张欣,池忠军.发挥决策咨询机构在公共治理中的作用[J].理论探索,2015(1):95-98.
②　郑海峰,杨尚东.全球著名决策咨询机构发展经验及其对我国的启示[J].能源技术经济,2012(5):70-77.

交流沟通参与整个国家的公共治理政策制定,决策咨询机构之间的合作交流也相当密切,无论何种类型何种规模的决策咨询机构都可以联手开展政策和社会科学等研究,利用优势互补攻破研究难题;对下决策咨询机构可以有渠道向民众普及政策,倾听民众诉求,使得决策建议更贴近民众的真实需求。因此,这种游走于政府、民众和企业之间的灵活模式为之后"旋转门"机制的产生提供了基础。

一、"旋转门"机制及其功能

(一)"旋转门"机制的内容

提到政府决策咨询机构中较有特色的机制,"旋转门"机制自然会被大多数人提到,所谓旋转门"意指身份关系的公私转换,包括公职人员离开公职部门进入私营部门,或非公职人员从私营部门进入公职部门,其含义具有中立性,既可以从优势方面解读人才流动对价值创造的良性作用,如提倡学者作为智库专家,通过'旋转门'进入政府部门,将智慧与知识运用于实践、更好地服务社会;也可以从隐患角度理解离职后干预权力运行的可能性,利用在职时的威望与关系继续掌控权力。"①美国的政府高官和要员在卸任后都对进入政府决策咨询机构从事决策咨询工作非常感兴趣,而一些本身在政府决策咨询机构中从事决策咨询的人员也有希望进入政府担任要职的愿望,正是这些需求和美国本身较为开放的体制促成了"旋转门"机制的产生,"旋转门"机制的产生使政府官员和专家学者之间无障碍的角色互换成为可能,加大了政府与决策咨询机构间的密切联系。"据不完全统计,美国政府每次换届有包括重要阁员在内的近5 000个联邦政府职位需要更替,而其中有60%来自决策咨询机构。"②

(二)"旋转门"机制的功能

"旋转门"机制的功能主要有三点。首先,为专家学者与决策者直接对话提供平台,虽然近年来各国政府决策咨询机构在政府决策中的地位越来

---

① 魏昌东,尤广宇."旋转门型"利益冲突罪:美国经验、立法根据与借鉴路径[J].法治社会,2019(1):34-35.
② 胡航.西方智库"旋转门"模式的特点及启示[J].管理观察,2017(10):68-69.

越高,但政府决策咨询机构的专家真正与决策者直接对话,甚至直接参与到政府决策中的机会还是很少。而"旋转门"机制的产生使得专家学者与政府决策之间的距离又更近一步,甚至获得直接参与政府决策的机会。专家学者直接参与政府决策可以提高政府决策的效率,避免由于政府决策咨询环节和流程过多而曲解专家学者最想表达的意思。其次,为国家储备人才,"美国对外关系委员会资深副总裁盖瑞·萨陌认为,美国决策咨询机构最独特的功能就在于为下届政府培养人才,而这种功能是通过'旋转门'机制得以实现的。"充分展示了"旋转门"为美国政府提供人才储备的重要战略地位。这种人才的提供不同于通过公开招聘和考试进入政府部门工作的体制内决策咨询人才,因为通过"旋转门"进入政府部门工作的专家学者具有更为广阔的研究视野,他们拥有体制内的专家学者所不具备的独特视角。体制内的专家学者由于长期服务于政府部门,研究不可避免地会顾虑政府部门的立场,长此以往容易习惯于从政府的角度考虑问题并开展研究,这样的研究结论自然不如有着体制外决策咨询机构研究经验的专家学者全面。最后,为政府提高公信力,"旋转门"机制的产生为原本远离政府核心地带的专家学者提供了进入政府核心部门工作的平台,从一个侧面展示了政府的透明性和公开性。在一些决策咨询不发达的国家,政府部门是具有浓厚神秘色彩的部门,因此政府的许多决策也被看作和自己毫无关系的事情。而"旋转门"机制的产生鼓励了一些专家学者投入政府决策中,释放着政府欢迎社会监督的信号。这种信号显然会加强公众对政府的信心。

二、美国"旋转门"机制对我国的启示和借鉴

美国的"旋转门"机制存在既是美国多元文化的体现,也是美国进步思想的展现。其不但为掌握民间权力的商界精英提供了从政的机会,也为掌握公共权力的政府高官提供了退休后从商的平台。数据证明,美国商界对退休后政府高官加入的需求是非常大的。"美国审计局2008年5月发布的一份报告显示,从2004年到2006年,有2 435名前五角大楼官员被52家主要防务承包商聘用,其中7家大型公司聘用人数就达1 581人,报告估计至

少 422 人从军界进入企业界之后,跟从前所在部门进行业务往来。"①可见政府高官退休后从商仍能够发挥较大的作用。此外,美国较为自由的体制不但使得政府官员退休后进入商界成为现实,而且造就了如前美国空军部长爱德华·阿尔德里奇这样多次穿梭于商界和政坛的典型人物。早在里根作为美国总统时期,阿尔德里奇就担任过美国的空军部长,后来又进入了美国著名的军工企业麦克唐纳道格拉斯公司以及美国宇航公司担任高管工作。之后随着乔治·布什的上任,他又一次进入政府工作,担任国防部副部长的职务。几年后又由于年龄原因,再一次进入美国航空航天制造商洛克希德马丁公司担任董事职务。另外,美国每四年一次的总统大选从某种程度来说就是典型的"旋转门"机制的体现,历任候选人有希拉里·克林顿这样的政坛人物,也有唐纳德·特朗普这样的商界精英,也许之前从政经历非常有限,但仅仅通过几次慷慨激昂的演讲就一跃成为美国的总统。除此之外,阿诺德·施瓦辛格这种从演员身份转化为加州州长身份更是将"旋转门"机制体现得淋漓尽致。除进入商界外,政府官员卸任后直接进入决策咨询机构的例子也屡见不鲜,比如曾任美国副国务卿、2012 年 6 月 30 日卸任的世界银行行长佐立克(Robert Bruce Zoellick)宣布分别以高级研究员和客座研究员的身份加盟哈佛大学贝尔弗科学与国际事务中心和彼得森国际经济研究所。

(一)"旋转门"机制的优势

"旋转门"机制为美国的人才互动提供了便利,也为我国的政府决策咨询机构发展提供了参考。虽然国情的不同使得我国的政府决策咨询机构发展不能完全照搬美国,但仍然有一些值得借鉴的地方。首先,"旋转门"机制提高了政府部门工作的效率,"旋转门"机制的存在,使得商界精英带来的民间务实作风冲击了政府部门官员们长期养成的官僚作风。官员在"旋转门"机制的影响下无形中受到了监督,自然会提高工作效率,避免被淘汰的危机。通过"旋转门"机制进入政府机关的社会精英由于长期处于市场化的竞争中,因此相比长期处于政府机关的高官更具备风险意识,办事更为果断和

---

① 蔡宝刚."旋转门"调控与法治化反腐[J].法学,2010(1):67-76.

效率,从而与那些原本就在政府工作的专家学者形成一个良性的竞争状态。另外难得的从政机会也会使得刚旋转进入政坛的社会精英更加珍惜和感恩,这对政府的办事效率提高起到积极的作用。其次,"旋转门"机制可以降低权力腐败的发生概率。"旋转门"机制的存在,使得政府高官的政治地位并非绝对稳固,这种较为弹性的机制从一定程度上也降低了权力腐败的可能性,因为权力腐败很难仅仅依靠个人实施,通常会形成一个利益链条来达到腐败的目的。利益链条的形成是需要一定时间的,而"旋转门"机制从某种意义上用时间限制了官本位和以权谋私念想的产生。另外,从政府高官角度考虑,"旋转门"机制也为那些更看重金钱的政府高官提供了一个选择,使得他们不需要仅仅依靠权力腐败来获取经济利益,而是可以通过例如旋转进入商界等合法的途径来获取经济利益。与传统的从政界转向商界不同,由于"旋转门"机制的存在,那些弃政从商的官员今后仍然有机会通过旋转门回到政界。从商界精英弃商从政的角度看,商界精英在从商的过程中已经积累了相当大的财富,这冲淡了他们对金钱的渴望。由于商界的收入远高于从政,所以作为成功的商人愿意投入政坛更多地也是出于从政热情而非经济目的。最后,"旋转门"机制为政府和社会交流提供了平台,加大了社会大众对政府的信任度,而社会大众对政府的信任是一个国家稳定的重要因素之一。

(二)"旋转门"机制的弊端

当然,"旋转门"机制也存在一定弊端,首先,政府高官的频繁更替可以降低腐败的风险,但对于政府发展的决策延续有时也存在不利影响,例如,一个政府官员在其从政期间提出了一系列发展思路,并围绕发展思路开展相应的政府决策,但旋转门机制使得其可以较为自由地从政界旋转至商界。然而接替此岗位的新任政府官员并不一定与前任的思路完全一致,其中必然存在决策的冲突,而这种冲突必然会导致由于决策思路转变而产生的资源浪费,这对政府的长远发展是不利的。其次,公共利益与私人利益间冲突的形成也会考验政府决策的合理性。每个政府官员在从政期间都不可避免地存在两个身份,一个是公共利益的代表,而另一个则是自身私人利益的代表,如何权衡公共利益和私人利益是一个合格的政府官员的必修课程。大多数政府官员从政界旋转至商界的主要目的必然是以经济利益为主要出发点，但是以经济利益为主要目标不能与腐败画上等号，正确处理经济利益与公权力之间的关系是"旋转门"机制存在的基础。将"旋转门"仅仅看作权力寻租的平台，是无法发挥"旋转门"机制存在的真正作用的。而相比因为经济原因旋转至商界的政坛要员，从政府"旋转"至决策咨询机构的人员的出发点可能更多是从公共治理研究的初衷考虑，但是由于其背景决定了党派利益将无法避免地成为其需要背负的责任。这种双重身份使得这部分人在开展研究时无形中被自己的另一个身份影响，甚至他们的研究成果也不可避免地经过了决策咨询机构的"包装"反而成为利益集团游说和争取政治地位的工具。

如今世界各国都有各自的"旋转门"机制，但大多都不如美国的"旋转门"机制那样平衡，如我国类似"旋转门"的机制对于从体制外旋转至体制内的门槛较高，不但需要进行严格的考核，而且对年龄也有所限制。而从体制内旋转至体制外则相对宽松。因此从体制外旋转至体制内的数量远低于从体制内旋转至体制外的数量。"虽然近年来我国在《关于进一步规范党政领导干部在企业兼职(任职)问题的意见》中明确提出：辞去公职或者退(离)休后三年内，不得到本人原任职务管辖的地区和业务范围内的企业兼职(任职)，也不得从事与原任职务管辖业务相关的营利性活动。"①但从政界旋转至商界的比例仍然远高于从商界旋转至政界的比例。因此如何降低"旋转门"的负面效应是近年来世界各国关注的主要问题。"提高'旋转门'腐败的成本和风险，降低旋转门腐败的收益"②仍然是当今世界各国面对"旋转门"引发的相关问题时主要的解决思路。

（三）"旋转门"机制的借鉴和启示

根据美国"旋转门"机制的优劣点分析，结合中国的具体国情和决策咨询机构发展中遇到的困难，可以从以下三方面得到借鉴和启示：

首先，要打通我国决策咨询机构缺乏系统性的局面，打造真正符合我国国情的"旋转门"机制。我国体制上对从政、从商、退休和公务员录用都有明

---

① 关于进一步规范党政领导干部在企业兼职(任职)问题的意见第二条。
② 孔哲.法治政府建设中"旋转门"腐败与法律矫治[J].法制与社会,2014(26)：141-142.

确的规定和限制,使得目前我国决策咨询机构的"旋转门"旋转方向较为单一,大多都是官员退休后进入决策咨询机构发挥"余热",而反向旋转除了近几年来少部分从商界进入政界工作的情况以外,从决策咨询机构进入政界的情况几乎没有。我国决策咨询机构发展想要突破,需要在结合我国自身发展特点的基础上合理借鉴西方发达国家决策咨询机构人才汇聚的先进做法。参考"旋转门"的运行模式突破现有体制的局限,鼓励和推荐具有潜力的领导干部到决策咨询机构工作,从政策中保障他们的基本利益。同时从决策咨询机构中遴选德才兼备的研究人员作为干部后备力量进入政府工作,发挥他们的智囊作用。

其次,要专注于决策咨询机构专业化建设,打造一支专业过硬的决策咨询队伍。决策咨询机构队伍的专业化程度是产品的质量和研究成果能否被大众认可和接受的关键,所以应提高决策咨询机构研究人员的准入标准,吸引综合素质和专业实力较强的人员进入决策咨询机构工作。同时建立考核制度,淘汰不符合相关要求的研究人员,使决策咨询机构始终保持较高的活跃度和专业性。采用分层培养的模式,不但要注重综合能力培养,对在某领域具有潜质的研究人员也要同时给予机会,使得决策咨询机构在某些领域的研究可以有更深层次的突破。只有决策咨询机构更具专业性,才能提升其自身地位,达到和政府进行相互"旋转"的条件。

最后,合理利用决策咨询机构的研究产品,适当地将研究产品推向市场。政府决策咨询机构的价值往往是通过其产品的质量体现的。政府应当通过适当的政策引导推动决策咨询机构产品的市场化运作。建立畅通有效的决策咨询机构产品需求与供给的对接渠道和机制,鼓励和引导决策咨询机构的研究重心逐渐向国家和人民迫切需要解决的民生问题倾斜。通过市场对研究成果的评价,逐步建立以产品为导向的评价体系,从而提升决策咨询机构的研究水平。此外,决策咨询产品的市场化可以延伸决策咨询机构产品的价值链,使得决策咨询机构实现经费来源渠道的多元化。

美国"旋转门"机制的经验和教训对我国决策咨询机构的功能塑造和可持续发展有着非常重要的参考价值。当前我国正处于决策咨询机构发展的关键时期也是瓶颈期,当前体制下决策咨询机构实现功能并真正发挥自身作用依然存在较大困难。"旋转门"机制的经验为我国决策咨询机构功能塑造提供了新的思路。当然照搬"旋转门"机制的做法是不可取的,由于两国国情不同,盲目模仿不但无法真正帮助我国决策咨询机构实现突破,而且可能会造成发展的倒退。因此应当以务实的思想学习从"旋转门"机制灵活的运行模式和先进的人才培养理念中获得启发,健全我国决策咨询机构发展体系。

第六章
决策咨询机构功能塑造优化研究

现阶段我国决策咨询机构的发展较之过去已经有了长足的进步,但是在面对错综复杂的决策难题时依然存在功能发挥不足的问题。西方国家的决策咨询机构发展模式为我们提供了丰富的、有参考价值的经验和教训,然而中国有其独特的制度背景、社会环境和权力运行机制,因此必须在理解和考虑中国国情的前提下,探求相关问题的解决之道。本章结合结构功能主义适应、达鹄、整合、维模的四个功能模块,从适应变化、明确目标、协调运作、持续发展等四个方面提出优化我国决策咨询机构功能塑造的方法和路径。

第一节　适应内外环境的变化

一、正确认识决策咨询机构的地位与作用

随着科技不断发展,我国政府对决策科学化的需求也越来越高。仅仅依靠决策者"拍脑袋"的决策方式已经无法满足政府纷繁复杂的决策需求了,政府决策咨询机构正以其不可替代的"外脑"作用,为决策者提供最强有力的支持。正确认识政府决策咨询机构在我国公共决策中的角色和地位可以提高公共政策的科学性和合理性。政府决策咨询机构在我国政府决策中的地位和作用可以归纳为以下几方面。

（一）政策建议的提供者

政府决策者大多都是国家的精英人才，不但具备较高的专业知识，同时还具备较强的政府决策能力。但是个人的能力毕竟有限，对于一些特殊领域的决策仍需要依靠各领域的集思广益。政府决策咨询机构正是多领域知识的聚集地，通过科学的研究方法为决策者提供具有参考价值的政策建议。政策建议的提供应当是双向的，既需要政府决策咨询机构及时掌握近期的热门政策话题，通过科学的研究方法和研究手段获得研究成果，并将研究结果以书面的政策建议或专家咨询的方式提供给决策者，为他们在决策中提供参考依据。此外，政府作为最终的决策机构还应该为那些具备专业决策咨询能力的决策咨询机构决策建议的提出提供一定渠道。毕竟政府作为决策最终的执行者，多渠道地接收各类决策咨询机构的决策建议可以为决策的高效性和科学性提供强有力的保障。如今我国政府决策咨询机构对于体制内决策咨询机构的决策咨询建议提供有着较为完善的程序，如各级政府的政策研究室和发展研究中心都是政府决策者参考的政策建议的主要来源。这类决策咨询机构的负责人和研究人员大多是国家公职人员，因此所提供的决策建议难免要顾全多方面的因素，使得最终的决策建议在客观性和全面性方面有所欠缺。而我国的一些高校决策咨询机构、民间决策咨询机构和国外发达国家的同类型决策咨询机构相比缺乏政策建议输送的平台，发达国家无论是官方的还是非官方的政府决策咨询机构都有着较为完善的参与机制，机制背后有着一套完善的法律和制度做支撑，既保障了政策建议的质量又给予各类政府决策咨询机构公平展示的机会。因此，充分发挥决策机构的政策建议作用是保障决策咨询机构地位的重要一环。

（二）沟通平台的搭建者

随着社会大众对公民知情权意识的不断强化，政府重要事务和主要决策的透明化也越来越受到重视。由于公民和政府决策者所处的位置和看待事物的角度有所差异，政府决策出台后往往会引起社会各界人士的不同看法，那些对政策持否定态度的公民自然会对政府决策的科学性提出异议，而政府决策者所处的特殊位置也决定了其无法与每一个对政策持不同意见的公民进行面对面的沟通，而政府决策咨询机构所起的桥梁作用正好为政府与公民的沟通提供了平台。政府决策咨询是政府决策过程中的重要一环，决策咨询机构作为政策建议的提出者对于政策的理解更为全面，其不但可以从理论的角度对政策进行科学的分析，而且可以从政府的高度出发对政策的意义进行深层次的解读。除了以政府官方为背景的决策咨询之外，以高等院校为背景的决策咨询机构和以非官方背景创办的民间决策咨询机构由于其本身与社会大众更为贴近，而且主要成员也大多是来自社会各界的专家，所以其对于政策的解读也更容易被社会大众所接受。正因为政府决策咨询机构中立的角色，使得其可以为政府和公众提供一个较为对等的交流平台，有效缓解由于沟通不足造成的政府与公众之间的矛盾。

另外，政府决策咨询机构在国家间的交流中同样起着相当关键的纽带作用。政府领导人提出："要审视国际大势，用创新型思维强化前瞻研究，提供更多有影响、有价值的思想产品，打造有中国特色、高水平的新型决策咨询机构和国际交流合作平台。"[①]可见国际交流是政府决策咨询机构的重要任务之一。在学术方面，政府决策咨询机构尤其是高校决策咨询机构拥有更多的学术交流机会，通过学术会议中先进研究理念的心得交流、互相学习，为国家决策咨询机构的进一步发展提供基础。而许多国际上都亟待解决的问题，如全球变暖问题是无法仅仅依靠一个国家的力量解决的。这类问题需要依靠多个国家的科研力量，尤其是决策咨询机构力量从不同角度开展研究，最终解决这些全球性难题。在政治方面，政府决策咨询机构也是'二轨外交'最具备效率和能力的执行者和协调者。"所谓'二轨外交'是与通常所说的第一轨道(政府)外交相对应的概念，它1982年由美国外交官约瑟夫·蒙特威尔首次提出，指在存在冲突和争端的组织和国家之间进行的一种非官方、非正式的接触和互动，其目的是通过寻找战略方法，影响舆论并组织人力、物力资源以解决冲突。"[②]而我国的政府决策咨询机构正是中外思想磨合最好的润滑剂，通过将民间国际交流中的成果和经验向正式外

---

① 袁本涛，杨力苈.从文献看教育决策咨询机构研究：一个亟待开拓的领域[J].高等工程教育研究，2016(2)：40-47.
② Joseph Montville. The Arrow and the Olive Branch：A Case for Track Two Diplomacy [M]. Washington, D C：Foreign Service Institute，1987，5-50.

交轨道转化,除去了官方政府交流中的敏感化问题,参与双方可以放下部分政治顾虑,在一个较为宽松的环境下进行交流沟通,从而解决官方渠道无法达成的政治目标和结果,最终推动两国在政治、经济和文化等领域的全面合作。我国邀请国外决策咨询机构开展交流的例子有很多,"以国防科技大学自 2009 年开始举办的'国家安全与科技发展战略国际研讨会'为例,每次都邀请美国决策咨询机构或大学的专家参会,就网络安全、跨域安全等问题进行研讨交流。"①同样我国政府被邀请参加国际交流的情况也常有发生,"2007 年,日本野村证券曾主动出资邀请我国基金会去日本进行中国能源、国防等问题的交流。"②

此外,国家职能部门之间的沟通交流也离不开政府决策咨询机构的平台作用。政府决策的问题大多是较为综合和复杂的政策问题,因此要保证政府决策的顺利实施往往需要多个职能部门合作才能完成。政府职能部门在权责方面有着明确的分工,在履行明确的工作任务时都能够依据清晰的部门职责顺利完成。但是由于职能部门本身的常规工作界限较为清晰,各部门之间往往缺乏工作交集,沟通交流较少,一旦遇到需要多个职能部门合作完成的政策问题时,就会出现职能部门界限不清,定位不明,职能部门间互相推诿的情况发生。政府决策咨询机构作为政府决策者的智囊,可以通过对政策专业的分析,结合各职能部门的优势和劣势,协调好各部门在决策问题实施中的具体任务分工,为政府决策问题的成功实施提供保障。

(三)政策思想的缔造者

过去十年随着经济迅速发展,我国已一跃成为世界第二大经济体。可是近年来我国经济却并未像过去十年那样持续高速发展的态势,进入了经济发展的瓶颈期。而影响经济发展的原因有很多,管理体制陈旧、创新能力不足和专业人才缺乏等都是造成经济发展瓶颈的原因之一,但根本原因还是在于缺乏一个开放的政策思想市场。著名新制度经济学家创始人之一的罗纳德·哈里科斯先生曾经就中国的经济问题提出过自己的看法,他认为"如今的中国经济面临着一个严重的缺陷:即缺乏思想市场。这是中国经

---

① 张沱生.中国决策咨询机构要充分发挥桥梁作用[J].国际展望,2010(5):25-26.
② 朱启超.中美网络安全战略博弈:现状与展望[J].中国国际战略评论,2014(7):327-340.

济诸多弊端和险象丛生的根源。"①而政府决策咨询机构以其综合性和全面性为政策思想的产生提供平台。政策思想是政府决策的核心要素,缺乏政策思想就会使得整个政策研究缺乏灵魂,没有明确的研究思想,这样最后得出的研究结论自然也无法满足决策者的需求。政府决策咨询机构相比一般学者所得出的政策研究结论更具备操作性和实践性,这是由于政府决策咨询机构运作模式保证了所有的研究结论都在缜密的政策思想下得出的。而政策思想的产生需要经过大量研究人员集思广益,通过不断研究和探索,在成功和失败中获取经验而形成。这种优势是个人研究不具备的,政府决策咨询机构作为一个知识汇聚的平台则具备了产生政策思想的条件。

所谓咨询机构在目前通常指那些为政府部门决策提供辅助作用的不同类型的组织机构,其中不但包括那些本身归属于政府的下设研究机构或者资金来源主要依托政府的研究机构、高等院校和专攻不同方面研究的科研院所,还包括依靠民营资本成立和运作的决策咨询机构等。为了使此次研究具备集中性和针对性,避免研究效果过于分散影响研究结论,本书所提到的咨询机构仅指政府下设的各类咨询机构。其中囊括了直接下设于地方政府的专家咨询委员会和专家智库,还包括了那些为了方便决策研究各职能部门充分发挥自身优势而所成立的决策咨询机构,如林业信息化专家咨询委员会、规划委员会和食品安全风险评估专家委员会就是分别设置于林业、规划和食品监管这些部门的。对决策咨询机构的准确定位可保障其不但可发挥其本身的智囊优势,同时也不会影响政府部门正常的运作,真正发挥其应有的作用。因此对于其法律地位可以从以下三个方面来认定。

首先从政策咨询机构的名字来看,其和决策机构最大的区别就在于其更偏重咨询属性,为决策者提供具有理论依据和数据支持的咨询建议和意见,有益于最终实现决策科学化的目的。和发达国家一样,我国大部分各类咨询机构都在决策中发挥了其咨询作用,但是仍然有一部分机构存在既当教练员又当运动员的现象,不但在决策咨询中发挥了专家智囊作用,在最终的决策的拍板上也具备决定权或审批权,更有甚者同时还具备了日后具体

---

① 斯科.中国改革:商品市场与思想市场的发展[J].学术界,2012(2):242-244.

执行以及监督的权力,严重削弱了其本该具有的咨询功能。这种同一机构具备多重功能的状态可视为一种功能混合模式,而这类混合模式在我国相当常见。"如深圳市规划委员会,根据《深圳市城市规划条例》规定该委员会由二十九名委员组成,委员包括公务人员、有关专家与社会人士,其中,公务人员不超过十四名。"①该委员会设立的初衷是借助委员会的专家智囊力量,为决策者在城市规划的决策中面临问题时提供参考和依据。但是深圳市的《城市规划条例》中又赋予了委员会行政决策的职责,希望决策者的决策和咨询者知识能在委员会中相互融合实现决策科学化的目的。这项规定与国务院颁布的《全面推进依法行政实施纲要》所提到的"专家论证、公众参与、政府决策"②的原则不符,深圳的功能混合模式并没有清晰地划分、专家、公众和决策者的分工和职责,并与决策咨询机构成立的初衷背道而驰了。这样模糊的决策和咨询边界会直接导致一旦最终的行政决策失败很难明确决策者和咨询者的权责,对于日后政府行政决策的良性发展是相当不利的。

其次,从服务对象的角度看,政府决策咨询机构的本质是服务于科学的,并非一般意义上的民主机构。在决策咨询机构专家的遴选上应尽量以决策咨询机构专家的专业素养为首要考虑因素,而不能仅仅为了民主而民主,此外在满足专家的专业性前提下可以适当考虑避免专家大多来自同一个群体所可能产生的利益偏好和潜在风险。虽然与决策者独断专行的决策方式比较,经过专家论证和研究的决策结果比"一言堂"的独断方式更符合民意,可是决策咨询机构建立的本质是为了给论证方案提供更加专业和科学的意见以及论证决策方案的可行性和决策程序的合法性等问题,而不是简单的民情和民意的表达。因此,国际上许多发达国家的决策咨询机构大多以事实为依据、以价值中立为准则。当然从实践情况可以看出,理想状态下的事实与价值在现实面前很难完全区分。人的主观意识决定了在完全理

---

① 欧阳君君.论行政决策咨询机构的角色认定、功能构建与行为规制[J].天津行政学院学报,2013(4):64-69.

② 吴逢雨.价格听证中的消费者代表遴选机制研究——以 H 市水价听证会为例[J].铜陵学院学报,2018(1):78-83.

性并且不掺杂任何价值考量的状态下做出判断和决定是不现实的,即便是在自然科学的领域往往答案也并非唯一。正因如此,咨询机构在面对多元化观点的同时如何维持其中立性成为其亟待解决的问题。以美国为例,"1982年的美国国会,规定美国环保局的科学顾问委员会需包括来自各州、产业界、劳工、学术界、消费者和普通公众的代表,要求符合《联邦咨询委员会法》所规定的委员会应该保持各种观点的适宜平衡。"①在这样的背景下,以美国前总统里根为主要代表的政治家却并不赞同这种所谓平衡的合理性,他们坚持认为科学顾问委员会应当具备自己独有的立场和独到的见解,而并非仅仅为了保持所谓的平衡而牺牲其本该具有的政治中立性。

最后,从行政体制的框架范畴来看,政策咨询机构的定位应当是独立性而非依附性机构,虽然大多数的决策咨询机构都是隶属于某一决策机关,并不是传统意义上的行政主体,但是决策者和咨询者完全不同的职能分工,使得两者还是具有明显的独立性。咨询机构的职能就是依据自身的研究与分析能力,对现行的政策和即将实行的政策进行客观评价和判断并作为决策依据提供给政府。在决策咨询过程中决策者是不能参与甚至干预咨询工作的,更不能仅仅凭借决策者自己的经验和想法来替代决策咨询机构做出判断。从我国的现状来看,一些地方决策咨询机构的决策咨询无法得到广大民众的认可,甚至引起公众的反感和抵触,主要原因还是在于整个决策过程中本该发挥重要作用的专家质询逐渐演变为政令的传声筒。这种状态使得决策咨询机构逐渐边缘化,即使参与到决策论证中也只是点缀作用,甚至演变为一些错误决策的推进者。而在面对一些决策质疑时,咨询机构为支持决策者而提出的所谓论证则成为决策者回避公众监督的避风港。

二、提高决策咨询机构面对政策环境变化的反应力

在经济全球化、社会信息化和决策科学化的大背景下,决策者的任何一个重大决策都离不开政府决策咨询机构的支持。政府决策咨询机构凭借其先进的研究手段和专业的专家团队为决策者解决各类棘手的政策问题提供

---

① 希拉·贾萨诺夫.第5部门:当科学顾问成为政策制定者[M].上海:上海交通大学出版社,2011:120-121.

建议和方案。但是这些政策建议同时也具有一定时效性，一旦政策环境发生变化，原先的政策建议也必须随着环境变化而改变。如果决策者在政策环境变化后，依旧根据原先决策咨询机构提供的政策建议实施政策行为，不但无法解决目前的政策问题，而且可能会造成更为严重的后果。因此，提高政府决策咨询机构面对政策变化的反应力是政府决策过程中值得重视的问题。

建立灵活而弹性的决策咨询机制是完善和提升政府决策咨询机构融入和适应多变外部环境的重要手段和方法之一。所谓灵活和弹性的决策咨询机制包括评估机制、合作机制和完善机制。首先，评估机制可以帮助政府决策者进行决策行为的跟踪和评价，使得决策咨询机构在政策建议被采纳后仍然可以了解其实施情况，并根据其与实际政策环境的相适应程度来评价和判断所提出的政策建议是否具备一定的价值并且同时是否具备可操作性和可持续性。另外，所谓的合作机制应当同时包括不同政府决策咨询机构之间的合作以及与国外相关领域专家之间的互动交流。当下政府决策环境的复杂性和多元性，使得仅依靠单一机构往往难以科学、全面地评估政策建议的质量，每个决策咨询机构都有自己研究的强项和弱项，因此决策咨询机构间的沟通交流更有利于发掘决策建议中存在的问题。另外，国外学者在一些政策建议上有着独到见解和不同的研究角度，与他们的交流也为我国决策咨询机构适应不同政策环境提供了保障。最后，完善机制是政府决策咨询机构适应环境的最重要一步。它是在评估机制和合作机制的基础上对决策建议的实际功能发挥情况的不足进行改善，帮助政策建议更好地适应政策环境并最大化其作用。

三、构建完备的政府决策咨询制度体系

（一）相关规章制度的加强

政府决策咨询机构制度体系完善的前提就是加强相关规章制度的建设。规章制度的建立可以为政府决策咨询制度体系具备科学性、稳定性和标准性提供支持和保障。传统意义上决策咨询机构相关的规章制度包括准入制度、科研制度、经费制度和人事管理制度。

首先,准入制度是政府决策咨询机构资质审核的第一步。准入制度可以从数量、规模和种类上对政府决策咨询机构进行必要的资格限制,淘汰一些不符合资质要求的决策咨询机构,从而提高政府决策咨询机构的质量和效率。

其次,科研制度是通过加强决策咨询机构科研成果评价、科研奖励实施和科研能力界定来规范整个政府决策咨询机构内部的科研体系,从而提升决策咨询机构科研方面的整体水平,而科研水平则是衡量政府决策咨询机构内涵建设程度的重要指标之一,科研水平的提高可以使得政府决策咨询机构为决策者提供的政策建议具备理论和数据的支撑,提升决策咨询的可信度和准确度。相比西方决策咨询机构的科研制度,我国科研管理制度无论从选题、研究过程,还是在评审上都存在较大的差距。选题上往往缺乏创新性,对未知领域的探索和尝试较少。研究过程上研究方法较为单一,研究内容空泛且与实际不符的情况时有发生。在研究评审上,由于缺乏制度化的标准,使得研究成果的价值认定大多仅仅是为了迎合委托人期望的结果,与决策咨询机构研究成果服务决策咨询的目标大相径庭。

基于以上原因,完善科研制度应当从选题制度、过程性保障制度和研究成果评审制度等方面入手。选题制度上应当重视对选题的论证和评审,通过多次讨论和研究才能决定是否予以立项。选题上应当具备创新性和时效性,不要对已经成熟或者过时的研究方案反复论证,而是把有价值的热点问题作为选题的方向。过程性保障制度是在保障研究独立性的基础上对研究进展进行全方位动态化的监控,同时打破部门和专业的界限建立灵活的研究团队来保障整个研究过程的顺利进行。研究成果评审制度应当注重第三方评价,对于研究成果的实用性、针对性和可操作性评价是研究成果评审中最重要的指标,使得研究成果真正具备其应有的价值。

再次,科学的经费管理制度也是保障政府决策咨询机构长期可持续运行的重要基础之一,近年来"决策咨询机构热"的兴起使得政府决策咨询机构在经费保障的问题上得到社会各界大力支持,无论是政府资金支持还是民营资本的赞助,都为"决策咨询机构热"的繁荣景象提供了基础。但是政府决策咨询机构的可持续发展没有完善的经费制度做保障,仅仅依靠热度所带来的资金投入显然是远远不够的。热度只能维持短暂的繁荣景象,要想使政府决策咨询机构健康地发展下去,完善经费制度是必不可少的。而经费制度不但包括政府的资金投入制度,还包括面向社会的一系列规范的筹款制度和财务制度。因为政府的经费支持毕竟有限,而社会支持才是推进政府决策咨询机构长久发展的根本。主要依靠社会支持来维持决策咨询机构运作的机构也不在少数。美国著名的布鲁金斯学会就是其中的代表之一,"布鲁金斯学会一年至少有一亿美金的经费,而且80%是社会募集的,有很强大的资金募集团队,通过各种形式筹集经费。"①因此,完善经费制度不但可以为政府对决策咨询机构的资金投入提供规则和标准,更可以对民营资本的介入提供规范的平台。

最后,政府决策咨询机构的运作离不开人才,人事管理制度对提升政府决策咨询机构的工作效率有着不可替代的作用。"人事管理制度包括决策咨询机构人才聘用和职称评定制度。"②人才聘用制度直接影响着政府决策咨询机构的内部人员结构,包括学历结构、专业结构和年龄结构。人员结构直接决定了政府决策咨询机构的规模、定位和功能,而这些正是未来左右政府决策咨询机构发展方向、研究方式和服务对象的重要因素。优秀的决策咨询机构人才引进将会为政府决策咨询机构未来的发展打下坚实的基础。除了人才聘用制度外,职称评定制度也是有效管理决策咨询人才的重要手段之一。近年来决策咨询机构内部人员结构随着国家智库的发展逐渐趋于稳定,如何提升决策咨询机构内部人员的研究积极性从而不断提高决策咨询建议的质量就成为政府决策咨询机构进一步发展所需要解决的问题。职称评定制度的不断完善可以提高决策咨询人员的科研动力,也为研究工作者实现自身价值目标提供机会。此外,相关领域专家学者的专业论证是开展决策咨询的核心。决策者是否能够基于公共治理的考量认真倾听专家学者的意见对于政府决策有着关键作用,因此建立外部动力机制强化专家学者在政府决策中的地位就显得尤为重要。这种外部动力机制可以通过将专家评审和责任追究机制放权于决策咨询机构予以实现。这样做不但可以使

---

① 朱锋.国际问题研究决策咨询机构发展中需要思考和解决的问题[J].现代国际关系,2016(4):11-12.
② 孙洪敏.论中国新型决策咨询机构管理模式的创新方向[J].现社会科学文摘,2016(3):8-10.

决策者在决策过程中有专业的咨询建议作为参考,还可以在一定程度上降低和预防腐败现象的发生。此外,对于专家学者的约束可以通过追责程序与申诉渠道来实现,保证专家学者和决策者可以形成相互监督的评估体系。

(二)组织架构的优化

目前我国政府决策咨询机构组织架构的表现形式主要集中在体制内和体制外决策咨询机构上。体制内政府决策咨询机构主要隶属于政府机关、军队和高校等主体,其主体大多有官方背景,使得其规模相对体制外政府决策咨询机构更大,内部研究人员和行政人员也更多。受体制局限,这类决策咨询机构组织架构较为复杂,无论在政策研究还是在决策建议提交上都需要经过各层级部门的监督审核,一旦决策建议不符合某一环节的审核标准则需要进一步调整直到符合要求才会被最终提交到决策者手中。这可能导致最终所提交的决策建议会与研究者最初的研究结论存在一定差异,从而影响结论的科学性,使得政府决策咨询机构的功能发挥受到限制。而体制外政府决策咨询机构主要是由一些私营企业和非营利的民间组织组成,受成本的约束这类组织架构往往较为简单,主要表现在决策咨询机构规模较小以及研究人员身兼数职的情况较为普遍。较为简单的组织结构所造成的最大问题就是研究条件的不健全。研究人员不得不处理大量的行政事务,而无法全身心地投入政策研究中。同时这类机构往往缺乏完善的研究成果审核体系,使得最终的研究结论缺乏深度,无法保证质量,从而无法满足决策者的现实需求。低质量的研究结论进一步降低了政府和决策者对体制外决策咨询机构的信心,往往造成体制外无法获得政府的资金支持,形成发展不良的恶性循环局面。

因此,构建健全的组织架构对于政府决策咨询机构最大化发挥其功能有着重要的作用。我国目前在决策咨询人员配置、研究流程、管理方式和调整机制等组织架构体系建设上没有统一的标准,各类决策咨询机构在组织架构的构建上较为随意,参差不齐,相应功能得不到合理结构的支撑,这大大影响了决策咨询机构功能的发挥。另外,我国体制外的政府决策咨询机构往往规模较小,社会化的咨询业务较少,大多仍然是依靠政府项目生存发展,这就为政府规范其组织架构提供了可能性。结合我国国情和政府决策咨询机构的实际发展情况,我国政府决策咨询机构的组织架构的构建可以借鉴国外优秀决策咨询机构的先进做法,从决策咨询机构发达国家的组织架构的构建中获取灵感,将其亮点运用到我国政府决策咨询机构的构建中。同时结合我国的国情,"组织架构要突出中国特色,中国特色新型决策咨询机构不同于西方决策咨询机构,组织架构的发展要结合中国国情的制度体系,不能完全脱离中国的制度实际,必须依靠党委和政府的力量,不断优化决策咨询机构的组织体系架构,形成科学管理、运行有效的制度体系"[①]把不符合我国实际情况和缺乏操作性的做法进行调整和摒弃,只有符合我国现实需求的政府决策咨询机构,才能最大化地发挥政府决策咨询机构的功能,为政府决策提供具有建设意义的决策建议。最终建立符合我国特色的决策咨询机构组织架构体系。

我国体制外机构数量少,受规模限制,较国外发达国家的决策咨询机构内部组织架构较为简单,核心管理层大多仅有一人担任,缺乏对机构内部决策咨询成果展开系统研究的基础。与我国情况相比,发达国家以非官方决策咨询机构为主体,利用市场机制的运作模式淘汰一些无法满足市场需求的决策咨询机构,使得活跃于市场模式下的决策咨询机构更具竞争力。"美国政府决策咨询机构的组织架构中,一般设有董事会、总裁、副总裁、中心主任,他们组成决策咨询机构的领导层,董事会是美国决策咨询机构的核心和最高权力机构。"[②]管理层的人数规模和准确的权责定位使得每一项决策咨询方案都是经过集体讨论通过的,这样大大提高了非官方决策咨询机构的研究成果质量和社会认可度。

另外,我国一些决策咨询机构的研究人员身兼数职,既要开展科研工作又要处理日常的行政事务。国外先进决策咨询机构大多会从组织架构上将两种工作分开,"国际知名决策咨询机构在组织架构上一般分为政策研究和行政管理两大块,政策研究为核心,行政管理服务于政策研究。"[③]此类以研

① 黄意武.探索中国特色新型决策咨询机构建设的实践路径[J].发展研究,2014(2):75-78.
② 王莉丽.中国大学思想库建设的未来发展图景与路径[J].武汉大学学报,2012(7):126-129.
③ 屈亚,赵红志.思想库建设的SWOT分析:以干部培训机构为例[J].中共合肥市委党校学报,2013(2):49-53.

究为导向的做法,很好地解决了研究人员和行政人员在决策咨询过程中权责不清和分工不明的问题,大大提高了决策咨询机构工作效率。

此外,由于国内体制内决策咨询机构占主导地位,这类机构内部人员冗杂,大多为专职人员,人员经费所需较多。而决策咨询行业研究问题复杂,常常需要外脑来对特定问题进行研究。固化的人员结构一方面容易造成人力资源浪费的情况,另一方面又会导致相关问题研究人员不足的情况。国外发达国家政府决策咨询机构较为灵活的人员配置对我国决策咨询机构的发展有着重要的借鉴意义。"目前一些国内高校正尝试借鉴合伙人制度组织小型决策咨询机构,它们在相对简洁的核心成员组织之外,还设有当地政要、专家联合组成的理事会,开放式专家团队则由国外专家组成。"①这些专家成员并非决策咨询机构专职人员,相对灵活的组织架构使得决策咨询机构可以有更大的空间根据决策咨询问题的大小和困难程度挑选适合该决策咨询项目的研究人员,避免了决策咨询人员闲置过剩或专家不足的情况发生。

（三）创新制度体系

目前我国政府决策咨询机构的制度体系正趋于完善,但是离发达国家仍然有一定距离,究其根本原因仍在于制度体系缺乏创新性,主要表现在思维模式创新、沟通模式创新和评价模式创新方面的不足。

思维模式创新是政府决策咨询机构制度体系创新的基础,随着我国经济不断发展,我国政府决策咨询机构已经不再是过去那样实现从无到有突破的阶段,而是通过对决策咨询机构功能的优化,期待其发挥更大作用。而要想从根本上实现跨越就不得不打破传统的思维模式,以新的思维理念引领制度体系。

官方政府决策咨询机构由于其独特的地位优势,在资金、人才和信息的获取方面渠道较为丰富,可以更容易地获取一些政府的项目和课题,有利于其可持续性发展。但是受传统制度体系的限制,"我国官方决策咨询机构更多地作为一个行政组织而存在,等级观念、官腔套话、信息同源等弊端直接

---

① 周静,卢敦基.中国决策咨询机构:历史渊源与当代发展[J].浙江社会科学,2014(7):84-90.

制约着研究人员创新能力的发挥,"①人才结构失衡和组织机构臃肿更是严重阻碍了决策咨询机构未来的发展,同时它们受体制影响,研究界限较为分明,功能较为单一,服务的人群也大多较为特定。高校政府决策咨询机构可以归类为半官方政府决策咨询机构,其优点在于机构内不同专业和不同领域的人才较多,具有较强的跨学科研究能力。当今政府面临的决策难题大多都覆盖多个领域和多个专业,从学术研究的角度看,高校决策咨询机构研究能力更为突出。但高校政府决策咨询机构由于其本身不完全属于体制内决策咨询机构,机构内各领域专家又长期服务于高校,真正深层次接触政府工作的机会并不多,使得其所提出的政策建议与政府机关亟待解决的政策难题间存在不匹配的状况,降低了政策建议的实践性。非官方政府决策咨询机构虽然受体制影响较小,决策研究环境相对独立,但由于其与政府的关系相对疏远,使得其规模和研究条件都具有相当大的局限性,真正可以为政府决策提供有价值的决策建议的机会也相当有限。

由于我国国情的特殊性,上述三类政府决策咨询机构在我国的决策咨询中都扮演各自重要的角色,不同类型的决策咨询机构也都有自己的优势和劣势。它们一般根据自身特点为特定对象开展决策咨询服务,但各机构间交集很少,界限也较为明显。在我国决策咨询发展的初期,这种决策咨询机构间较为独立的体系模式减少了决策咨询机构间的摩擦和牵绊,鼓励了大量社会人才投身到决策咨询机构建设的队伍中,使得决策咨询机构的数量和影响力在短时间内有较大的提升。但是随着我国政府决策咨询机构的数量达到一定规模,这种发展模式也会引发很多问题,比如决策结果缺乏时效性和实效性。高品质的政策研究成果依赖渠道、资金、人才等各类资源整合,这种整合无法依靠单一决策咨询机构的力量实现,而是需要各类机构之间互通有无、相互合作。因此,打破决策咨询机构间的界限,加强决策咨询机构资源共享和人才交流,从单兵作战到协同作战的思维模式将成为今后政府指导决策咨询机构发展的主流思想。而政府这种思维模式的转变和创新也可为决策咨询机构今后全面合作发展提供机会和条件。

---

① 余玉龙.政校共建新型决策咨询机构的制度创新与协同效应[J].中国高等教育,2015(7):17-20.

　　沟通模式创新也是我国政府决策咨询机构制度体系创新的重要一环。沟通模式创新包括与国内决策咨询机构间、与政府部门间和与国际决策咨询机构间的沟通模式创新。

　　首先是国内决策咨询机构间的沟通模式创新，政府决策咨询是一项需要研究人员通过不同领域和不同视角对决策问题开展综合全面研究，然后根据研究结论提炼出最合适对策的工作。目前我国决策咨询机构之间的沟通交流机会很少，随着经济不断发展，面对越来越复杂的决策问题，大多数的政府决策咨询机构仍然仅仅依靠有限的内部资源开展研究。但是我国不同决策咨询机构间研究背景差异较大，有些只专注于社会科学的研究，而有些则仅仅关注自然科学的研究。所以，在处理综合性较强的决策难题时，仅把希望寄托于一家机构的力量是无法获得高质量研究成果的，最终提出的政策建议也必然不够完善，长此以往将会严重影响政府决策咨询机构本应具备的作用。因此，加强政府决策咨询机构间的沟通和合作可以整合决策咨询研究资源，提高决策咨询工作效率。通过决策咨询人员挂职锻炼的方式，组织机构内的研究人员到其他决策咨询机构协助开展决策研究，在研究过程中互相学习各自的研究方式和理念。此外，决策咨询机构可以共同成立研究协会，将一些日常研究中遇到的较为复杂的研究案例，在协会日常例会中进行分享和研究，在讨论中将一些好的建议和做法运用在下次同类型的决策问题研究上。

　　其次是决策咨询机构与政府部门间的沟通模式创新，目前我国决策咨询机构与政府部门沟通主要集中在官方决策咨询机构上，凭借体制内的天然优势，我国官方决策咨询机构与政府决策部门始终保持着较为紧密的关系，逐步成为政府部门御用的决策咨询机构，严重压缩了非官方决策咨询机构的生存空间。虽然非官方决策咨询机构在规模上远不及官方决策咨询机构那样庞大，研究条件也相对不够完备，但其仍然有官方决策咨询机构不可比拟的优势。官方政府决策咨询由于其体制内的身份，在研究人员的录用上往往有较为硬性的学历规定，以硕士和博士研究生为主。而非官方决策咨询机构由于不受体制影响，可以根据机构的实际需求招收决策咨询研究人员，将一些虽然没有学历优势，但在一些特定的研究领域拥有高学历人才无法取代优势的专业人员(尤其是一些偏远地区的乡土人才)招收入机构中开展特定研究。笔者在对贵州省黔东南自治州雷山县政府的调研中发现，由于雷山县特殊的地理因素，对乡土人才的需求较大，而政府部门对研究人员的学历要求使得大量具有丰富经验的乡土人才无法进入官方决策咨询机构中工作，只能进入一些非官方的决策咨询机构中工作。以上例子体现了非官方决策咨询机构在某些领域的研究上拥有其特定的优势。因此，为了加强政府部门与非官方决策咨询机构沟通交流，政府部门可以提供给非官方决策咨询机构更多沟通交流的渠道。例如，定期开展政府部门与非官方决策咨询机构关于政府决策问题的咨询会议或者通过课题委托的形式给予非官方决策咨询机构更多发展的空间。通过一系列的制度手段加强沟通模式创新。

最后是国内外政府决策咨询机构间的沟通模式创新，我国决策咨询机构在相互学习和借鉴中的确可以有效提升决策咨询能力。但是，我国相比欧美发达国家在决策咨询方面仍然处于初级阶段，想要全面提高国家决策咨询水平，就需要加强与国外先进决策咨询机构的沟通和交流，通过与国外先进决策咨询机构的深层次沟通交流得到启发并将一些好的做法运用到实际中去，从而提升我国决策咨询机构的综合实力。目前，我国学习国外先进决策咨询机构的主要方式还是通过对国外决策咨询相关文献的阅读，对一些重要的理论和先进的理念进行分析，从而归纳出一些先进的做法供我国决策咨询机构借鉴。除此以外，一些政府决策咨询机构也会邀请在决策咨询方面具有丰富经验的国外决策咨询机构专家和学者来华举办讲座，学习国外决策咨询机构专家在决策咨询工作中的方法和经验。笔者认为我国政府决策咨询机构在坚持"请进来"的同时也要争取"走出去"，应当加强与国外优秀决策咨询机构的长效合作机制，定期输送我国各领域的政府决策咨询机构研究人员到国外决策咨询机构中工作，从工作中学习国外决策咨询机构的先进工作理念和管理制度。因为，无论通过文献学习还是讲座形式进行的沟通交流所了解的国外决策咨询机构现状都是较为表面的，只有真正进入国外先进决策咨询机构中学习，才能体会到国内外的实际差距，从差距中找出提升我国决策咨询机构综合实力的方式和方法。

评价模式的创新是检验我国政府决策咨询机构质量的重要手段,而评价模式的创新则是完善我国决策咨询机构制度体系不可或缺的一环。随着我国近年来越来越重视政府决策咨询的作用,决策咨询机构的发展也取得了一定成绩,"中国社会科学评价中心研创的《全球决策咨询机构评价报告》以及其 AMI 评价体系在全国范围取得了广泛认可。"①但是相比国外发达国家决策咨询机构,仍然存在诸如评价方法单一、评价指标不明确以及对决策咨询含义理解不清等问题。"纵观全球,决策咨询机构评价体系的发展已经上升到一个新的高度,多元化、多维度和多层次的评价指标已经成为很多国家决策咨询机构评价体系建设的普遍标准。"②

目前,我国政府决策咨询机构主要采用以政府评价为主、同行评价为辅的评价模式。政府评价是指政府部门根据最终决策后的实际效果来判断决策咨询机构所提出的决策建议是否有价值;而同行评价则是由政府决策咨询机构之间依据科研成果数量、课题研究质量和行业口碑等指标对决策咨询机构的综合实力进行评价。这种评价模式非常接近我们的邻国日本和韩国,都是采用以政府为主导的评价模式。但是,相比我国官方决策咨询机构与非官方决策咨询机构间巨大的差距,日本和韩国注重官方决策咨询机构的同时,也相当重视民间决策咨询机构的发展,并以市场作为评价其质量的主要标准。而作为决策咨询发展大国的美国和德国则采用完全不同的评价模式。两国多党制的政治背景,使得以政府作为主导的评价模式无法在美德两国决策咨询机构运行机制中发挥作用,因此,美国采用以市场为主导的评价机制,完全由市场根据决策咨询机构在竞争中的表现决定其未来是继续发展壮大还是逐步淘汰。

相比美国决策咨询机构的纯市场化评估机制,德国的评价机制更注重机构综合实力,其通过莱布尼茨学会作为中立的第三方评价机构对国内所有决策咨询机构进行评估和监管。莱布尼茨学会并非一个单独的第三方机构,其实则是由德国大部分决策咨询机构共同组成,通过学会内部完善的评估体系和评估标准,制定严格的准入机制,把合格的机构吸纳进入其体系中

---

① 唐果媛.中美三份决策咨询机构评价报告的比较分析[J].决策咨询机构理论与实践,2016(2):88-96.
② 谭玉,张涛,吕维霞.决策咨询机构评价的国际比较及其对中国的启示[J].情报杂志,2016(12):6-11.

并针对学会中的机构开展定期评估来保证学会的高质量和认可度。那些未被纳入莱布尼兹学会监管范围以及由于未通过评估被要求退出学会的决策咨询机构将无法获得政府的经费支持。虽然我国政府决策咨询机构的评价模式不能完全照搬欧美发达国家的体系,但是在诸如评价标准和监管方式方面仍然有许多值得学习的地方,通过对优秀方式的借鉴可以加速我国现有评价模式的创新,提高我国政府决策咨询机构的整体质量。

第二节　明确组织目标

一、从科学决策的系统角度理解决策咨询机构的功能塑造

随着我国对外开放深化和世界经济全球化加速,政府决策咨询被广泛运用于包括政治、经济和文化在内的各领域,政府决策咨询机构最初的功能设计已经无法满足多变的决策问题,如何健全和完善自身功能成为摆在决策咨询机构面前的新难题。而决策咨询机构功能的塑造和完善不能与科学决策这一基本原则相违背,科学决策是决策者为了实现国家战略目标,运用科学的方法和理论对决策环境、决策风险和决策条件进行综合评估后做出正确决策的过程。"2012年11月党的十八大报告提出:坚持科学决策、民主决策、依法决策,健全决策机制和程序,发挥思想库作用。"[①]由此可见国家已经将科学决策看作政府决策发展的重要基础,因此对科学决策的深入剖析可以为决策咨询机构的功能塑造提供指引和借鉴的作用。

科学决策的主体不仅仅是决策者,还应当包括决策研究者、决策执行者和决策评估者,厘清他们之间的角色关系可以帮助我们更全面地理解科学决策的内涵。从角色职能定位的角度来看,无论是决策者、决策研究者、决策执行者还是决策评估者都有不同的职能分工,他们的角色应当是相互分离的。从科学决策的原则出发,决策者主要负责整个决策过程的启动和组织以及最后的决定,但对于决策过程中的其他具体环节包括决策咨询、决策

---

① 胡鞍钢.建设中国特色新型决策咨询机构:实践与总结[J].上海行政学院学报,2014(2):4-11.

执行和决策评估都无权代替其他角色完成。决策研究者则充当整个决策过程的"外脑",其主要职责是为决策者提供科学的决策建议和意见,决策咨询者比其他角色拥有更为丰富的科研条件,使得其具备了对决策问题进行科学研究的优势,而经过决策咨询者研究分析所获得的决策建议也更具专业性。但是无论决策咨询者拥有多强的研究能力,其研究毕竟偏向理论研究,是否具备实践性需要决策者来判断。因此,决策咨询者不能代替决策者开展政府决策,其角色定位应当与决策者有着非常明显的界限。决策执行者在整个决策过程中扮演着将决策计划落实于实际的角色,由于政府决策的最终目的是将决策思想落到实处,决策者所提出的决策方案大多是较为宏观的指导思想,而决策执行者则对具体落实决策的环境更加熟悉。因此在面对实际问题时还是需要决策执行者结合当时情况开展具体实施决策,而决策执行者在整个决策过程中也应当处于相对独立的地位。决策评估者是政府科学决策的监督者和保障者,其主要职责是对整个决策过程的程序、资质和成效等指标进行评估,从而保证整个决策过程是科学有效的。虽然决策者、决策研究者、决策执行者和决策评估从职能角度看是相互分离的,但是他们之间实则也是具有一定关联性的,他们中的任意角色都需要其他角色的配合才能完成,例如,决策者与决策咨询者虽然应当相对独立地开展各自的工作,但是两者之间如果没有一定的沟通交流,必然会造成决策者的决策方案缺乏数据支撑和理论依据或者决策咨询者的方案缺乏实践性无法付诸实施的情况发生。因此科学决策应当是决策主体之间合理互动配合的过程。

熟悉和掌握科学决策的基本特点是实现科学决策的必备条件。"科学决策具有程序性、创造性和择优性等特点。"[①]决策的程序性是指在决策过程中的所有环节和过程都应当符合制度和标准,不能够依靠"拍脑袋"的方式开展决策,决策的所有程序都要做到有据可依。创造性是指决策者应当具备独立的逻辑思想和理论依据,在面对不同的决策问题时,应当先听取专家学者的专业意见,然后结合决策者的逻辑思维规划出一套针对性较强的

---

① 李国强,徐蕴峰.学习习近平"智库观",推动中国智库建设健康发展[J].智库理论与实践,2017(2):1-10.

决策方案。因此,政府决策应当是一项创造性较强的工作,每一套决策方案应当是原创并且独立的,而不是"传声筒"式的仅仅听从上级领导的个人想法产生的。择优性是科学决策的核心,择优原则的实质就是决策者在挑选多个方案的过程中,应当将该决策方案是否能带来最大效益作为主要选择标准。政府决策咨询机构的功能就是在决策过程中帮助决策者发挥这些特点和优势,使得最终决策结果更为合理和实用。

如何能够真正做到科学决策是决策咨询机构一直在研究的课题,实现科学决策应当做到以下几点。

第一,应当审视价值排序。正确的价值导向对于政府是否能够成功决策以及保证决策质量起着至关重要的作用,政府如何将这一价值正确使用在决策中更是政府决策成败的关键。因此,考量政府决策的优先性排序问题,必须对一定时期内需要考虑决策的各种议题的价值进行判断和抉择。只有那些最符合人民的切身利益、根本利益、长远利益和全局利益并能够同时将这些利益背后所带来的问题有效整合到一起的议题才能在政府决策中脱颖而出。然而从价值上评估考量这些政府决策问题的先后顺序十分不易,在实践中更是常出偏差。例如,一些好大喜功、急功近利的政府官员包括一些高层官员往往会把一些并非很重要、很需要、很有价值,甚至是不应当做的事务或工程优先放入待决策事项中,使得政府决策畸形发展,短期带来的政绩逐渐取代民众需求成为政府决策的主要考虑因素。这样不仅导致广大人民群众真正遇到的问题无法及时解决,还使得政府受到民众的诟病,严重贬损了政府公信力。

第二,应当明察民心民意。可纳入政府决策优先选择范围的问题应是那些人民群众愿望最强烈、要求最迫切,不及时解决就会直接影响民生保障和民众安全,影响经济社会良性运行发展以及影响国家安全等的重大问题。只有深切体察民心民意,对民众的冷暖疾苦感同身受,准确把握时代的潮流和历史的路向,才能对政府决策优先性的审视不仅具有深刻的理性思考,还能够体现深切的人文关怀精神以及政府管理运行的公民本位、民生本位和服务本位的本质特征。

第三,应当考量决策资源的可获得性。能否把某项议题优先纳入政府决策议程中去,需要考虑是否具备了优先解决该议题的决策资源。这包括充足的、能支撑这一决策的制度法律资源、充分有效的思想资源与理论资源、相应的智力与技术资源和财力与物力资源等。如果不具备这些条件,则无法考虑把这一议题进入政府决策优先序列的可能性。否则,即使把这项议题列入优先议程,也不太可能做出有效决策。第四,应当考量决策执行资源的可获得性。政府决策的资源保障是实现决策目标的重要基础。人力、物力、财力、智力、技术、配套政策以及执行力等都是决策执行中所必不可少的重要资源。执行力是指决策执行者对决策领悟的准确性和完整性,对决策目标实现有坚定信念,以及整个决策中所应具备的效率、力度和方法。在一个完整的政府决策过程中一旦缺少充足的执行资源作为保障,即使再优秀的决策方案也终将是镜花水月而已。最终导致决策所制定的目标、使命或规则不能实现。比如,制定一项改善乡村教师收入的政策,如若没有相应的财力保障,即使政策设想再完美,该政策最后依然无法得到落实。因此,在没有充分决策执行资源保障的条件下,选择某项议题进行优先决策实际上是没有意义的。做出决策而不能真正实施或有效实施,其结果只能是徒增政府失信于民的记录,贬损政府形象与政府公信力。

综上所述,对科学决策的理解可以帮助政府决策咨询机构在功能塑造过程中找到一个合适的标准。设计决策咨询的功能也应当同时结合科学决策所具备的特点,兼顾规范性、择优性和创造性三方面因素,帮助决策咨询机构与政府决策的需求形成良好的匹配。而掌握决策主体间的互动关系可以帮助决策咨询机构更全面地了解所服务的对象以及他们的需求,使得决策咨询机构在决策过程中能够最大化地发挥其自身作用。

二、探索决策咨询机构参与公共问题决策的新模式

如今我国正处于公共管理制度的转型阶段,传统的公共问题决策模式已经很难满足越发复杂的公共需求。在传统的公共决策模式中,由于决策环境以及制度的弊端导致政府决策咨询机构的功能发挥空间相当有限,有时甚至只能成为政府部门用来展示成果的"摆设",这与政府决策咨询机构

设立的初衷大相径庭。随着我国近年来利益集团的分化,公民权利意识的不断增强,政府实行科学决策的意识也不断增强。随着公共问题决策新模式的实现,决策咨询机构也寻找到了参与公共决策的契机。

传统决策模式主要存在决策主体单一、决策观念陈旧和管理机制僵化等问题。决策主体单一是指政府的决策权大多集中在少数官员手中,权力相对集中,"拍脑袋"进行决策的情况仍无法避免时有发生,而作为政府决策主体之一的决策咨询机构却显得有名无实,大多仅仅只能沦为政府官员政府决策的传声筒,无法体现其作为决策主体的应有作用。决策观念陈旧主要是指社会各界对于政府决策理解还停留在"政府决策仅仅是政府的权利和义务,其他社会各阶层无权参与其中"的错误思想中,公众对于决策透明和参与决策的权利意识较弱,而决策咨询专家也甘于接受可有可无的角色定位。管理机制僵化主要是指传统的决策模式对于重大的决策问题缺乏高效的快速反应机制,对于错误的政府决策导致的后果也缺乏应急方案,无法有效控制不利局面,尽可能降低决策失误所造成的损失。此外,管理机制僵化还表现在政府对于决策产生的各阶层利益矛盾缺乏有效的协调机制,这样会造成执行期间各部门之间互相扯皮的情形时有发生,严重影响了政府决策的效率和预期成果。随着科学技术的不断发展,传统决策模式的弊端也随之放大,引发的社会问题也越来越多。在这样的形势下,传统模式的升级和改变也变得越来越重要,而公共决策新模式的产生也为政府决策科学化和民主化指明了方向。公共决策新模式强调多元的决策主体、开放的决策观念和灵活弹性的管理机制及回应能力。

在政府决策中,决策权力过于集中于"一把手"领导手中,会使得决策者产生妄自尊大的一言堂模式、长官意志和家长制等与当代先进决策理念不符的严重问题,为政府决策带来许多负面影响。长官意志导向在政府决策中的主要表现为,首先,政府或政府部门的主要决策者无视或摒弃民主精神与民主方式,主观武断唯我独尊,不尊重他人意见或是不容许他人平等地发表意见。其次,拒绝科学精神与理性思维,以自己的选择偏好划线论事,排斥、压制甚至打击持不同意见者。长官意志横行必定导致政府工作特别是政府决策中的"家长制"和"一言堂",排斥群言堂,挤压和封闭言路,以主要决策者的意志控制决策导向与决策过程。

权力过度集中的长官意志导向的决策模式,在政府决策中会带来许多负面效应。

第一,使政府决策更易于脱离科学与理性,更易于导向决策失误。一方面,一些上级主管由于脱离实际,拒绝不同意见,在面对决策问题时往往无法了解或者不去了解事务背后的实际状况,导致在决策时表现出盲目自信和好高骛远,从而影响了决策质量。从另一方面来看,由于上级主管的态度和偏好可以直接决定下级官员的仕途前程,这就使各级行政主官或部门主管在进行决策时,往往会以是否有利于自己升迁为考虑的基准点。因而会更多地去猜度和迎合上级主管的意愿,而不考虑或者较少考虑实际情况,从而强行通过仅仅符合自身意愿的决策方案。由此,使一些地方的"面子工程""政绩工程""首长工程"得以大行其道。在这一过程中,本级与上级主要决策者的长官意志相互作用,通过主动与被动的方式得到双重体现,从而在一定程度上加重了其后果的危害程度。

第二,在实际决策中,由于权力过度集中的长官意志的作用,主要决策者会更多地考虑地方(部门)利益或者自身利益的需要。政绩锦标赛和政绩考核的压力,使得一些地方政府或政府部门开始形成功利主义的决策思维模式,并逐渐向急功近利的方向发展。使地方行政长官或部门长官更多地注重决策的"短平快"效应,即注重决策的近期效果和任期效应,而较少考虑决策长远效应和全局效应。这样,也必定会导致政府决策失误。

第三,长期的权力过度集中,不可避免还会导致决策者形成一切以政府为中心的惯性思维。在长官意志决定论的驱动下,会逐渐从内心接受"政府决策等于领导的决定"的思维定式和行为惯性,不利于实现民主参与政府决策的目标。此外,也弱化了多元参与对政府决策的监督和制约作用,从而加大了决策信息不对称和决策失控的危险。

鉴于以上种种,如何防止权力过度集中的长官意志导向的决策模式,开创决策咨询机构参与公共问题决策的新模式产生成为当前重要任务。首先,明确多元的决策主体是新模式下的政府决策第一步。"我国理论界一般将行政决策主体划分为政府核心层主体、以非政府组织为代表的中间层决策主体和以社会公众为主体的外部层决策主体。"①与传统决策模式中决策主体仅仅依靠政府核心层主体不同,公共决策新模式更加注重决策主体多元化,强调政府决策的主体除了政府以外,决策咨询机构和社会公众也应当参与到政府决策中去。毫无疑问政府是决策的核心主体,其主要职责是为公众提供公共服务并凭借其掌握的公共资源对整个国家的公共事务进行统一有效的管理。由于计划经济时期政府承担主要的管理职能,所以政府长年以来始终承担着政府决策的主体责任。随着市场经济的不断成熟和完善,虽然政府仍然处于公共决策主体中的核心地位,但相较过去较为单一的一元主体模式已经逐渐过渡到多元主体模式。政府决策咨询机构与政府一样在新的公共决策模式中处于主体地位。与政府的角色不同,虽然政府决策咨询机构在新模式下同样作为政府决策的主体,但其更多承担辅助政府完成公共决策的角色,由于政府官员在专业研究领域和研究深度上存在一定局限性,即使拥有较高的决策能力和判断能力也无法做到仅仅依靠经验判断就能真正做到科学决策,所以决策咨询机构作为决策主体之一是对政府决策的有效补充。除了政府和决策咨询机构以外,社会公众也是政府决策主体中不可忽视的一部分,社会公众作为外部层决策主体,主要承担对政府决策效率和质量的监督作用。这里所说的社会公众除了指普通民众以外,还应当包括报纸、杂志、电视和网络等媒体力量。他们对政府决策的成果拥有最直观和最客观的认识和感受。一旦政府决策在解决民众现实需求方面存在偏差,社会民众和大众媒体就可以借助舆情的力量对政府决策起到监督作用,帮助政府决策在改善民生方面发挥应有的作用。

其次,开放的决策观念也是公共问题决策新模式的亮点之一,其中包括民众对于自身参与决策重要性的认识以及决策咨询机构对于自身目标的明确。受几千年来古代封建君主制度时期的影响,普通群众始终把自己定位为政府决策的接受方和执行方,在过去的观念里,公众对于政府决策相关信

---

① 乔杰,金燕.我国公共决策主体多元体系的构建与完善[J].天水行政学院学报,2008(4):27-30.

息缺乏了解,也缺乏参与政府决策的热情,始终将自己放在政府决策的被动地位,而政府也无法通过普通群众获得决策结果的真实反馈。随着决策需求的不断加深,公众逐渐把信息公开、决策参与和决策监督看作自身应有的权利和义务,充分发挥决策主体应有的作用,帮助政府进一步向实现决策民主化和科学化的方向努力。另外,决策观念的开放还表现在对于政府决策咨询机构目标的明确,而决策咨询机构的最主要目标就是为政府决策者提供决策咨询。实现咨询目标需要加强政府决策咨询机构自身建设,首先各类决策咨询机构应该进行合理的定位,充分利用自身所在机构的资源、信息等优势,形成各自决策咨询机构特色。民间政府决策咨询机构应当充分发挥其自主研究能力强的特点,通过体制外决策咨询机构独有的视角,发挥专家的群策群力的作用,为决策者提供高质量的研究报告和政策建议。官方政府决策咨询机构应当充分利用体制内决策咨询机构独有的资源和信息优势为决策者提供决策咨询服务。相比民间政府决策咨询机构,官方决策咨询机构对政府的决策环境更为熟悉,更容易发现决策者在政府决策过程中可能存在的问题,所以官方决策咨询机构所提供的政策建议也会更具有针对性。高校决策咨询机构相比前两者,要依托多学科的优势,结合高校所拥有的一批高学历的专家教授,形成学术性更强的政策建议和研究报告。此外,加强决策咨询机构独立性也是成功达成咨询目的的重要因素之一,国内的决策咨询机构,无论是体制内的还是体制外的决策咨询机构都会存在一定的依附性。即便是民间决策咨询机构,在面对资助其科研经费的部门时,也不可避免地无法做到完全独立地进行研究,更不用提完全依赖于政府拨款的体制内决策咨询机构了。因此,各类政府决策咨询机构应当努力开展实地调研,通过调研获得有价值的数据和信息,在研究结论的撰写时,不要被所依附单位领导的想法所影响,只有这样才能完成决策咨询机构存在的初衷,实现有价值的咨询目标。

最后,新模式下灵活弹性的管理机制也是较传统僵化管理模式的一次突破。科学化的管理机制可以有效提升政府部门面对公共决策问题的反应力,帮助政府在最短时间提出最有效的解决方案,尽可能降低公共问题对政府和国家所造成的损失,科学的管理机制还可以在一定程度上节约政府公共管理中所需的成本。此外，灵活弹性的管理机制还可以帮助协调由于政府决策造成的利益个体的矛盾，达到接近帕累托最优的理想模式。人才管理模式、资金管理模式和科研管理模式的提升是管理机制向科学、灵活方向发展的关键。人才管理模式的提升，可以拓宽人才选拔渠道，建立开放的人才选拔机制。传统的人才选拔模式对人才的挑选模式较为单一，主要挑选知名高校的硕士研究生和博士研究生，力求通过名校学生扎实的研究基础和研究能力来帮助政府提升决策能力。而新的挑选机制则应当不拘泥于名校的应届学生，学习国外先进理念，注重对企业精英、政府卸任官员和优秀乡土人才的挑选，丰富研究人员的研究背景和经验，提高研究人员来源渠道的多样性。对于研究人才的奖励制度，也是提高政府决策效率和保障研究人才队伍稳定的关键，通过定期对研究人员的资质评估，淘汰不符合要求的决策研究人员并给予优秀的研究人员更大的发展空间和平台。资金管理模式的提升，能够开源节流，有效应对决策咨询机构的独立性问题。政府决策系统的健康发展离不开稳定持续的资金来源，过去政府决策过程中用于决策咨询的资金主要来源还是依靠政府投入，其他资金来源渠道包括企业资助、个人捐款以及成果获利等方式，所占比例较小。政府的长期资金投入的确可以保证政府决策咨询拥有足够资金运作，但不免造成决策咨询机构对政府依赖性过强，缺乏应有的研究独立性。因此，只有多元化资金来源渠道才可以帮助政府决策咨询机构既能够顺利运作又具备足够的独立自主研究空间。另外应当建立系统的资金管理机制，将经费合理地分配在包括人才引进、专业研究和政策宣传等工作上。科研管理模式的提升，能够优化决策咨询机构的课题研究管理体系，更为高效地发挥政策建议功能。对于相关课题管理应当采用分类管理的形式，根据课题的大小、研究领域和现实意义建立完善的课题管理体系，制定相关的管理标准。对于那些具备前瞻性和时代性的重要课题根据相关机制给予额外的经费支持。另外，应当建立课题的评估管理机制，重视课题申报环节的同时，也应当加强对课题开展过程的持续追踪，对不符合标准的课题及时采取相应措施，避免课题"重申报轻完成"的状况发生，完善的课题管理机制可以为政府决策的良性发展提供基础保障。

第三节　协调优化机构运作

目前我国政府决策咨询机构的数量已经较过去有了很大的飞跃,政府对于决策咨询机构的重视程度也逐渐提高。但是在国际影响力方面,我国决策咨询机构始终还未形成具有中国特色的国际品牌,国际上对我国决策咨询机构的认可度还相当有限。根本原因在于我国决策咨询机构的运作机制还不够完善,智囊资源分布还相对零散,无法充分整合现有的研究资源,形成研究合力。此外,管理方式也较为陈旧,组织结构较为死板,缺乏变化,无法顺应国际新形势。因此,面对一些国际上存在的政治、经济、文化和军事研究问题也很难凭借自身的研究硬实力提出较为独到的见解。

一、整合智囊资源

政府决策咨询机构顺利运作的核心就是智囊作用的充分发挥,因此,对智囊资源的整合就显得尤为重要,而加强决策咨询机构间、政府与高校间以及高校内外学术团体间的合作交流则是智囊资源整合的重要方式,通过这些方式可以帮助我国决策咨询机构拓展一体化服务视野,打破地域和领域的限制。通过互相交流和互相借鉴先进工作经验,建立长效合作机制,提高政府决策咨询服务水平与能力。

首先,从自身出发促进决策咨询机构间的合作,决策咨询机构的核心价值在于通过先进的政策研究方法和理论工具对政策方案进行科学的分析并为政府提供专业的政策建议。无论是依托政府的官方决策咨询机构还是借助民间力量的非官方决策咨询机构,作为政府决策中不可或缺的政策研究平台并拥有先进的研究机制,其中蕴含着来自不同领域和不同背景的专家智库人才和丰富的思想资源。依靠知识性、专业性和创造性的政策研究理念和决策咨询服务融入整个社会发展体系中,并逐渐成为现代决策系统中不可取代的重要构成。鉴于我国多变的决策环境和复杂多样的决策需求,仅仅依靠官方决策咨询机构或民间政府决策咨询单方面力量有时无法满足我们纷繁复杂的决策需求,因此经常需要各方力量紧密合作,依靠各自的资源和优势,用科学理性的发展观为政府决策贡献力量。

其次,推进国内决策咨询机构协同机制,促进政府与高等院校之间的合作机制,近年来政府与高校共同参与建立符合我国发展新形势的新型决策咨询机构的需求已经越发迫切。无论是政府和高校在外部环境的要求下还是政府和高校从自身的特点和需求出发,两者的合作可以为双方带来双赢的效果并且打开新形势下政府决策蓬勃发展的新局面。高校虽然主要资金来源仍然依靠政府,但是他与政府体制还是存在一定的不同,其优势就在于拥有丰富的学科专业资源,具备相对集中的高等学历人才,其与政府部门存在于不同的体系也决定了其研究立场相对客观,较少受政府部门的思路直接影响,能够为政府决策者从不同的角度打开决策思路,从而实现科学决策的最终目标。综上所述,政府与高校之间的合作是政府完善治理体系,科学决策、民主决策、正确引导社会舆论的有效途径。

最后,加强海外交流,增加国内外专家学者相互学习和共同发展的机会,引进国外的先进做法。我国的决策咨询机构虽然较过去已经有了较大的发展,但是由于起步较晚,与欧美发达国家相比,仍然处于相对初级阶段。正因如此,我们更应当认清差距,学习和借鉴欧美发达国家在决策咨询机构建设中的经验和教训,建立与国外决策咨询机构的常态化交流机制和交流平台,创造国内外政府决策咨询机构相互学习相互借鉴的发展环境。"十七届六中全会以后,文化软实力得到国家的高度重视,'中国文化走出去'成为国家战略。"[1]伴随着我国科学技术迅速发展,国际地位不断提升,在国际舞台上也正发挥着越发重要的作用,国家的建设不再仅限于用过去的思维模式处理问题,而是站在更高的位置看待问题,增强自身对全局性、前瞻性和国际性问题的把握能力。此外,应当运用信息技术开展决策咨询方面的科学研究,如合作开展课题研究、举办学术年会、学术论坛、学术研讨会等方式,更有效率地开展科研国际合作。国内外学者的交流,还可以提升我国的国际品牌,增强我国的国际影响力。

---

① 杜宝贵,隋立民,任立云.我国高校智库协同建设路径探析[J].现代教育管理,2014(4):8-12.

二、优化组织结构和管理方式

机构运作顺畅除了需要对智囊资源进行有效整合以外,通过先进的管理方式对组织内部结构进行进一步的优化也是必不可少的,"决策咨询机构内部治理结构并非一个静态的决策咨询机构组织架构图,而是关涉到决策咨询机构人才资源、经费资源、信息资源等的优化配置过程。"①

首先是人才资源管理的优化,人才资源是决策咨询机构的命脉。决策咨询机构的人才管理应当采取层级管理作为基本原则,所谓层级管理是指依据决策咨询机构的规模、特色和定位来挑选适合的人才遴选机制,因为每一个决策咨询机构的情况是不同的,对于人才的需求也会有不同,如果按照统一的标准进行人才挑选,就会造成一些决策咨询机构的人才资源浪费,而另一些则会出现人才资源不足的情况。此外,人才挑选应当采取专兼结合的模式,这样可以有效节省人才资源所花费的成本,使得人才的使用更具弹性并大大提高了决策咨询人才的效率,避免出现由于决策咨询机构定位变化造成的人才闲置情况。另外,人才的挑选标准应当具备以下条件:一是从学识层面看,一流决策咨询机构人才不但应当精通所学领域的专业知识,还应当对与本领域相关的专业知识有所了解,因为面对纷繁复杂的公共政策问题时,仅靠单一学科知识是很难对决策问题进行一个深度的解析的,跨学科的政策难题在所难免,所以跨学科人才的挑选是机构人才挑选的标准之一;二是从阅历的角度看,决策咨询机构人才应当是具备较高的研究视野,例如在政府、高校、企业和研究机构等单位有工作经历,同时具有一定的海外研究经验的学术人才;三是从社会影响力来看,决策咨询机构人才不仅需要在学术科研上有所建树,还能够善于利用社会影响力宣扬自己的政策观点,尤其是一些非体制内的决策咨询机构更应当通过更多途径增大政策建议被采纳的机会。例如国外的政府官员、企业高管、著名专家或社会名流通过"旋转门"机制进入决策咨询机构工作,可以大大增加决策咨询机构的影响力并拓宽更多渠道宣传自己的政策建议。

---

① 朱旭峰.构建中国特色新型决策咨询机构研究的理论框架[J].中国行政管理,2014(5):29-33.

其次是深化经费管理制度改革。在经费使用管理方面,目前我国政府决策咨询机构的经费使用管理制度大多完全照搬政府部门对于一般经费的相关规定。但是,决策咨询机构的经费运作方式和政府部门之间还是有一定区别的,政府部门的经费配置相对较为平均,而决策咨询机构在经费运作中则更注重人力资本的经费配置。因此,决策咨询机构经费使用管理方式应当适当借鉴国家软科学的管理办法,通过健全的项目预算制度和完善的经费审核评估制度,规范决策咨询机构的经费使用程序,同时应当将经费管理纳入决策咨询机构绩效考核体系中。在经费来源渠道方面,要鼓励多元化的经费筹措方式,决策咨询机构不但需要争取国家的经费支持,同时更需要展现自身价值,将自身优势和特点转化为更为多元化的经费支持,从而缓解我国决策咨询机构的经费压力以及对政府过于依赖的现状,最终形成良性循环模式,

最后是信息资源管理的优化,"信息是决策咨询机构保持和提升其竞争力的重要基础性资源,世界高影响力的决策咨询机构无不重视信息管理和信息运行。"[1]决策咨询机构的建设、评价和研究都需要依托先进的信息管理手段。根据我国的现实情况,信息资源管理体系的科学化应当建立在信息来源保障、信息数据处理和服务成效评估等机制的优化上。信息来源保障机制是信息资源管理优化的基础,信息来源的广泛性是政府决策咨询机构有别于一般的高校图书馆的最主要特点。我国普通的高校图书馆由于受学校专业、规模和经费的限制,虽然可查阅的文献资料覆盖领域较多,但多数资料信息仍然围绕学校核心研究领域配备,其他领域的信息资料则以基础信息资料为主,缺乏深入研究的价值。决策咨询机构的信息资料来源保障机制的运行除了要借助各领域大量文献收集外,还应当对一些具有现实意义的决策咨询机构研究成果进行分析,从中归纳出有价值的信息。"国外许多决策咨询机构历史悠久,它们曾经关注、搜集、分析过的历史事件浩如烟海,这些经过整理、归档的材料里含有大量宝贵的历史资料和一手材料。"[2]此类

---

① 王桂侠,万劲波.决策咨询机构运作机理和信息运行机制研究[J].情报科学,2016(5):15-19.

② 吴育良.从胡佛研究所的转型谈地方社科院图书情报机构在决策咨询机构中的前端作用[J].四川图书馆学报,2012(6):15-17.

信息资料的收集可以丰富决策咨询机构的信息库,为信息资源管理持续获得大量有价值的信息资料做保障。信息数据处理机制是保障信息资源管理高效运作的关键。我国古代文臣谋士在进行国家战略研究时,所依据的大多是成文成册的信息资料,然后凭借谋臣的聪明才智,通过对大量纸质文献资料的分析,将其转化为政策建议供君王参考。随着科技不断创新,现代决策咨询所面临的难题也越来越复杂,不但牵涉较多领域,而且需要运用大量数据作为参考。此外,现代决策咨询信息的特点是动态性和实时性,使得决策咨询机构对将所收集的信息迅速转化为政策建议的需求越来越高。在这样的情况下伴随着大数据时代的来临,利用信息化平台开展决策咨询信息收集和处理已经逐步取代传统的手工处理方式,成为决策咨询信息高效管理的新方向。决策咨询机构信息管理也将因此变得更具前瞻性和科学性。信息管理服务成效评估机制是对决策咨询机构在信息收集、信息处理和信息使用等环节的运作情况和影响进行综合评估的机制,评估机制是评价整个信息资源管理优化效果的重要手段。通过信息被引用率、网络点击率、媒体曝光率和信息被采纳率等评估指标的量化分析,对信息资源管理的作用发挥进行评估,根据评估结果得出管理系统优化的方案。

三、改进人员培养机制

(一)优化行政生态、严格考核机制

传统的政治架构与社会形态在现代社会转型中渐趋坍塌,但作为其深层底蕴的"官僚文化"却广泛而深远地影响着现代政府官员的政治行为。人员任用的裙带性、决策主观性、无视法定程序等现象普遍存在。另外,官僚体制自身的局限性也造成行政生态的持续恶化。故优化政府决策咨询机构的干部晋升机制并非简单地对庸俗活动的制止,而是要寻根探源从根本上杜绝和打破此类行为。因此,首要解决的就是干部晋升的机制问题,在西方国家,个人功绩是晋升的主要依据,并经过长期实践逐渐形成了科学的考核机制,如英国的因素分析法、法国的评分平衡制度、美国的浦洛士考绩法等。其次,以考试成绩作为晋升的主要依据,对被晋升者除了考核观察以往成绩外,公众更关心的是被晋升者能否胜任该工作。如何直观地显示晋升者的

工作能力,不同类型的考试应该是效用最高、成本最低的方法。再次,晋升过程中要坚持能力本位导向,这里所说的能力并不仅仅指成绩出色,更应当看作岗位工作能力。要将"胜任"作为提拔晋升的主要依据,通过全方位的评价体系,使得考评技术更加完善。另外,当今社会人们在工作生活中都存在或多或少的精神压力,因此,对心理状态的评价也是必不可少的,必要时心理测试也是衡量被晋升人是否称职的方式之一。

政府决策咨询机构人员的晋升机制之所以不完善,除了机制本身的局限性外还在于其缺乏应有的法律保障,直接导致了决策咨询机构的人员机制大多沿用了政府机关的普遍晋升方式,而没有考虑到决策咨询机构本身具有的差异性。"中共十六大虽然提出了有关建立和健全政府决策咨询机制的要求与决策科学化、民主化的现实号召,但在如何落实与执行这些政策建议方面却没有给出具体的制度规定与法律支撑。"①决策咨询机构作为整个国家决策运行的关键一环,对内部人员的考核指标、考核方式和考核结果的处理都没有相关的法律法规来明确,使得决策咨询机构内部晋升和绩效评价又在不知不觉中被领导的喜好左右,导致整个决策咨询考核评价体系缺乏规范性和制度性,长此以往对决策咨询机构机制带来的负面影响是显而易见的。正因如此,以立法的形式规范决策咨询机构人员管理模式就显得尤为重要。这样可以使决策咨询机构内部的人员晋升、绩效评价和咨询程序变得有法可依,从一定程度上抑制徇私舞弊、权力寻租和滥用职权等行为发生的可能性。当然在目前的我国的国情下,为政府决策咨询单独立法的条件并不成熟。但参考欧美发达国家的做法,可以在相关部门法中先加入政府决策咨询方面的法律法规,为决策咨询机构内部人员管理办法提供参照依据,也可以为日后建立针对决策咨询的专门法律法规提供一定基础。

(二)完善考核方式、推进考核主体多元化

完整的政府绩效考核主要是由考核主体、考核内容和考核对象这三个元素构成。所谓考核的主体就是指考核的考官。考核主体的单一化已成为政府部门绩效考核中较为普遍的现象。所谓的考核主体单一化并不是简单

---

① 杨宝强.地市级政府决策咨询机构的干部晋升机制研究[J].中国人力资源开发,2014(23):73-78.

地理解为考官只有一人,而是即使考核主体有几位,他们的最终决定也往往取决于一人的拍板。而随着我国社会不断发展,政府部门在考核中面对的问题和挑战也早已不像过去那样单一而重复。面对的问题往往具有一定的复杂性、关联性和多变性。面对如此纷繁复杂的难题,考核主体自然也需要具备相当高的综合素养和丰富的专业知识。单一的考核主体在面对复杂的考核指标时具有的专业知识大多较为单一,不具备综合评价的条件。因此,考核主体的多元化是保证考核结果公平和公正的保证。而政府决策咨询机构由于自身特殊性,相较其他政府部门在考核的各方面都有着更高的需求,不但要求考试主体的综合性和专业性,考核的方式也应当加入同级评价、公众评价或者下级访谈的全方位考核模式,从而保证考核结果是客观公正的。

（三）完善决策咨询人员知识结构

政府决策咨询机构在我国大多地级市和县级市中往往设置在政府机构中,缺乏独立性。其主要职责往往是协助政府部门处理一些事务性工作,真正参与到政府决策核心发挥其应有的决策咨询功能的机会很少。长期无作为导致其自身地位也不高,发挥不出真正作用。不健全的行政体制是导致这种情况出现的原因之一,但也并非全部。咨询机构本身的人员结构和知识层次才是阻碍其健康发展的最主要原因。近年来决策咨询机构的高学历人士数量虽然略有增长,包括越来越多的硕士和博士。但高学历人群中不乏在职和后期提升学历的人员,他们科研上功底还是较为薄弱的,无法真正发挥研究生应有的能力。这在一定程度上使得决策咨询机构在面对一项决策议题时很难完全从科学和专业的角度来全面分析问题并提供针对性意见。除此之外,我国决策咨询机构人员专业结构也以单一文科或理工科学历背景研究人员为主,他们往往缺乏全面的专业知识,较为单一的专业背景使他们在面对一些综合性较高的决策议题时往往有点力不从心,无法从多角度、多领域综合地考虑问题。综上所述,知识结构单一和弱化的研究能力决定了本该发挥巨大作用的决策咨询机构在实践中无法达到应有的效果,同时也导致其无法提供建设性的决策建议。所以,提升决策咨询机构人员的学历层次,丰富机构的知识结构是提升决策咨询机构硬实力的重要手段。

第四节　实现可持续发展

目前政府决策咨询已成为提升政府决策质量,推进政府决策科学性化的重要手段。而政府决策咨询自然也成为影响政府决策,推动社会发展的重要力量。随着政府决策对技术、方法和人员要求的逐步提高,如果我国决策咨询机构继续仅仅依靠传统的发展思路,不针对多变的环境进行改变和优化,将会很大程度影响决策咨询机构未来的功能发挥,对于我国实现科学化的政府决策也是极为不利的。因此,决策咨询机构的可持续发展应当注意以下几点。

一、均衡决策咨询机构发展

我国政府决策咨询机构相比发达国家的显著特点就是我国各类决策咨询机构在数量、影响力和分布地区上不如发达国家均衡。

首先是决策咨询机构数量的不均衡,"官方半官方性质的决策咨询机构比例过高,民间决策咨询机构比例过低,形成官方垄断的客观现实。"[①]主要原因在于政府对民间决策咨询机构的重视程度不够,将主要精力花在官方决策咨询机构的发展上。因此对决策咨询机构的资金投入自然也不平衡,而缺乏资金支持的民间决策咨询机构在研究成果的数量和质量上自然也与官方决策咨询机构存在较大差距,必然会进一步拉大两者之间的距离。此外,我国对于决策咨询机构登记管理制度过于严苛和死板的标准和准入制度,使得一些民间决策咨询机构虽然在决策咨询上具有一定的想法和思路,但是由于不符合登记管理制度的某一条硬性规定,而不得不失去参与决策咨询的资格。

其次是影响力不均衡,根据数据统计,"在综合影响力排名前 10 的决策咨询机构中,'国字号'有 4 家,高校决策咨询机构 3 家,民间决策咨询机构

---

① 张瑶,李旸.加强中国特色新型决策咨询机构建设[J].党政论坛,2014(4):33-35.

1 家,国家级和省级社科院各 1 家;在综合影响力排名前 20 的决策咨询机构中,'国字号'增加到 7 家,而地方党政军决策咨询机构只有 2 家,且没有新增的地方社科院"①,从中可以看出我国民间决策咨询机构的影响力对比那些具有政府背景的决策咨询机构仍然具有较大的差距。

此外,数据也表明我国具有影响力的地方决策咨询机构相比中央直接管理的决策咨询机构,数量上也相当有限,从中可以看出我国对于中央管辖决策咨询机构的重视程度也远大于地方管辖。以上种种充分体现了决策咨询机构影响力的不均衡。最后是分布地区不均衡,"《中国决策咨询机构报告》指出,中国顶级决策咨询机构几乎全部集中于中国东部沿海地区,北京有 17 家,上海有 5 家,没有发现有影响的中西部决策咨询机构"②。与美国优秀决策咨询机构的百花齐放相比,我国的决策咨询机构分布仍然较为集中。这主要与国家的地区整体发展有关,美国虽然也有经济发展较为迅速的州,但是大多数州之间的整体发展还是较为接近的。而我国经济发展历来注重东部沿海地区,虽然近年来对西部地区已经加大投入,但是与东部地区相比,经济依然存在较大差距,决策咨询机构的发展也因为地区差异变得分布极为不均衡。

因此,决策咨询机构整体可持续发展不是仅仅依靠某一地区或某一类决策咨询机构发展就可以达到的,不均衡的发展不但无法帮助决策咨询机构充分发挥其功能,还会使得决策咨询机构的研究成果变得片面、单一和缺乏科学性,最终损害政府决策的质量。

我国地方发展水平的不平衡是决策咨询机构区域分布不均衡的主要原因。不同地区的经济发展水平直接影响着决策咨询机构的外部环境。而经济发展水平的高低又直接影响了决策咨询机构所能获得的资金、信息和人才等各方面资源,这些资源的不平衡直接导致了各地方决策咨询机构发展参差不齐差距明显。那些发展较为迟缓的决策咨询机构又影响了政府决策的专业性和科学性,最终造成了地方经济无法提升。地方经济社会与决策咨询机构在这种恶性循环中相互制约,使得各地决策咨询机构发展差距也

①　李凌.中国决策咨询机构影响力的实证研究与政策建议[J].社会科学,2014(4)：4-21.
②　陈晓伟.中国决策咨询机构迎来发展新契机[J].理论参考,2015(1)：4-6.

越拉越大。如何将决策咨询机构与地方经济社会相互制约的现状转化为互利双赢相互促进的新局面成为亟待解决的问题。

根据十八大精神"国家要加大对农村和中西部地区扶持力度,支持这些地区加快改革开放、增强发展能力、改善人民生活。"①结合我国对决策咨询机构发展的相关政策,继续加大对中西部决策咨询机构发展的投入和扶持力度是未来发展的必然趋势。根据国家的政策方针,依托政府力量为西部偏远地区的政府决策咨询机构提供资金保障。通过科学研究对西部地区发展中存在的问题进行系统分析,解决偏远地区在公共治理中存在的问题,为当地的决策咨询机构提供较为有利的生存环境。不断完善中西部地区人才交流常态化机制,通过人才的输送将先进的决策咨询理念传输到西部偏远地区,发挥经济发达地区的引领和帮扶作用,使智慧可以在经济相对不发达地区汇集迸发出能量。通过以上方式。经济发展水平不高的地区可以逐渐改变原有面貌,在发展中不断积累人才、信息和资金等资源。通过资源的积累带动当地政府决策咨询机构的迅速发展,使其能够建设发展并逐步健全功能。而功能健全的决策咨询机构也可以为地方政府提供更多具有建设性的政策意见,用专业知识帮助当地经济提升。最终实现双方良性互赢,共同促进的目标。

决策咨询机构的不均衡不但表现在横向对比上,纵向对比中,决策咨询机构的层级非均衡化发展问题也是相当突出。国家级决策咨询机构往往在综合实力和影响力方面远超地方决策咨询机构。此外,决策研究一旦上升到国家层面无论在数量还是质量上都远超地方层面。造成以上情况出现的主要原因还是在于地方决策咨询机构无论在资金、信息还是人才上都远不如国家决策咨询机构那样拥有丰富的资源和渠道。另外,地方政府自身也存在一定问题,他们对决策咨询机构的认识还存在错误的认识,没有对当地决策咨询机构的发展提供应有的支持。地方决策咨询机构是国家和地方在治理现代化间的桥梁。无论是地方政府贯彻中央精神,还是中央的政策能否符合地方的实际情况都离不开地方决策咨询机构的"纽带"作用。因此,

---

① 余斌.中国经济前景与 2013 年展望[J].中国发展观察,2013(1):4-9.

重视地方决策咨询机构的发展,承认其在国家发展中所处的重要地位是实现我国决策咨询机构纵向均衡的重要方法。各级地方政府也应当不断在资金、信息、人才、社会认可等核心资源方面加大对各级地方决策咨询机构的投入,将其放在地方建设中的重要位置上,保障功能实现。通过建立地方决策咨询制度使地方政府在最终决策前必须经过专业的决策咨询机构论证并获取决策咨询和评估意见。以制度的形式将决策咨询设定成为决策中的必需环节,从而使地方决策咨询机构被地方政府及各部门所真正重视和认知,且在决策咨询过程中应保障地方决策咨询机构的独立性、前瞻性和科学性。此外,应通过出台各类办法、措施和意见保障地方决策咨询机构沿着正确方向实现法治化、规范化和科学化发展。建立包括政府、决策咨询机构、企业、社会组织、媒体和公民为一体的信息交流平台,通过广泛的信息共享和交流实现多元治理主体的有效合作,并进而实现多元治理主体对决策咨询机构的认知、认可和信任。加强对县市决策咨询机构的重点扶持,各级政府应改变原有"仰视"的决策咨询机构发展观念,结合本地经济社会发展水平和决策咨询机构发展现状,在国家和省级决策咨询机构的帮助下有针对性地扶持基层决策咨询机构发展,发挥其在基层治理中的应有作用。

二、构建多元化的决策咨询机构体系结构

公共治理的属性决定了其自身具有复杂化和动态化的特点。因此,决策咨询机构和决策咨询体系也必须根据公共治理的客观属性具备一定的多元性,来保证决策咨询机构提供的决策建议能真正解决公共治理中存在的问题。决策咨询机构和体系的多元化并非仅指其种类的多样化,更重要的是要以跨学科研究为基础,从不同角度深入地分析问题,从而多层次地解决问题。

我国的决策咨询机构体系较为单一,往往缺乏均衡性和系统性。主要表现在以下几个方面。首先是我国决策咨询机构的种类较为单一,官方决策咨询机构的规模和投入往往是体制外决策咨询机构无法比拟的。在中国像党政军决策咨询机构或者一些科学决策咨询机构等体制内决策咨询机构享受到了国家在决策咨询方面投入的主要资源,规模不断做大。但是另一

方面也直接导致了其他非体制内决策咨询机构的生存空间就变得非常有限。其次是我国决策咨询机构的分布较为集中,发达地区和贫困地区决策咨询机构数量差距较大,偏远地区的决策咨询机构由于人才和资金的匮乏得到的支持十分有限,数量较少而且即使存在也大多形同虚设。而发达地区的决策咨询机构分布较相对密集,存在资源浪费的情况。最后是我国决策咨询机构的研究内容和研究方式较为单一,研究方式的重复化问题较为严重,面对复杂的决策议题,大多只能凭借单一的研究方式来思考问题。另外人才学历背景的单一也造成决策研究时无法多学科和多角度地全面分析。如此单一性随着国家科技不断发展,政府治理需求不断增大,带来的后果也被越发放大。

相较于我国决策咨询机构体系单一化的情况,欧美发达国家已经走在了我们前面,发达国家在决策咨询机构体系多元化上达到的效果值得我们借鉴。不同于我国决策咨询的发展更偏重官方决策咨询机构的现状,发达国家的决策咨询机构可谓百家争鸣,社会决策咨询机构和官方决策咨询一样扮演着不可取代的角色。"在西方发达国家,一个社会决策咨询机构组织的数量和质量,已经成为衡量这个国家发达水平和社会进步程度的重要标志";[1]正是社会决策咨询机构的蓬勃发展使得西方决策咨询机构体系极具活力。此外,欧美发达国家由于接触现代先进的决策咨询理念更早,决策咨询理念已经深深地融入其整个政府公共治理体系中。系统和多元的决策咨询体系帮助其在面对各类决策治理难题时都能做到一一对应且有迹可循。正是由于决策咨询体系的多元化才使西方政府治理的整体质量和效率更上一个台阶。

体制问题仍然是造成我国与欧美发达国家相比决策咨询体系相对单一的核心问题,这直接导致我国决策咨询机构目前仍然面临着官方决策咨询机构只大不强而非官方决策咨询机构却碌碌无为的尴尬局面。官方决策咨询机构只大不强主要原因在于其在体制内的行政关系还是隶属于政府,资金主要也是依赖政府支持,使得其空有丰富的决策资源仍无法发挥功能。

---

① 李安方,等.中国智库竞争力建设方略[M].上海:上海社会科学院出版社,2010:145.

此外,由于体制原因严重匮乏决策资源,民间决策咨询机构虽然运行机制相对灵活,也依然只能处于可有可无的状态。当然有人说存在于官方决策咨询机构和非官方决策咨询机构之间的高校决策咨询机构既拥有客观的资金支持又具备非官方决策咨询机构的灵活机制,但高校决策咨询机构依然无法最大化地发挥其优势,主要也是由于体制原因致使其游离于政府决策咨询核心外。虽然高校决策咨询机构具备众多跨学科的研究人才,但是在真正面对影响民生的决策问题时,其咨询意见往往显得曲高和寡。

从政策体制上帮助我国政府决策咨询机构重塑体系结构是决策咨询机构体系真正实现多元化的主要方式。首先从政策上推动官方决策咨询机构向高端化方向发展。目前,"官方决策咨询机构占决策咨询机构总比重95％,在数量上占据绝对优势;并且受体制内身份的长期保障,官方决策咨询机构凭借资金、人才、信息、项目和影响渠道等多方面的先天优势",①由于我国与欧美发达国家相比较为特殊的国情,官方决策咨询机构在未来很长一段时间内仍然将会是国家决策咨询中的主要力量。官方决策咨询机构的发展应该视《决策咨询机构意见》为指导思想,"紧紧围绕'四个全面'战略布局,以服务党和政府决策为宗旨,以政策研究咨询为主攻方向,以完善组织形式和管理方式为重点,以改革创新为动力,优先选择若干基础条件较好、专业特色突出的机构进行试点,建设一批国家亟须、特色鲜明、制度创新、引领发展的高端决策咨询机构。"提升官方决策咨询机构的地位和独立性,发挥其在决策咨询机构中的引领作用,最终构建以官方决策咨询机构为核心的多元化决策咨询机构体系。其次依靠政策引导和法律保障提升民间决策咨询机构的生存能力和生存环境,引导他们向特色化和多元化方向发展,从而帮助决策咨询机构体系趋向稳定。"目前中国民间决策咨询机构仅占决策咨询机构总数的约5％,规模很小,最大的也只有20人左右,年运作资金仅约200万元(人民币)。而其他的市场全部归于官方和大学附属型决策咨询机构。"②民间决策咨询机构由于其体制外的身份,在资源的分配中

---

① 张欣.智治之维:智库在公共治理中的功能研究[D].徐州:中国矿业大学,2016:197.
② 苏一鸣.中国决策咨询机构生存现状之一:官强民弱:中国民间决策咨询机构生存难[EB/OL].http://blog.sina.com.cn/s/blog_503c1c520100e2pe.html,2009-09-28/2015-12-19.

处于弱势地位,然而民间决策咨询机构的优势也正在于其社会属性能够清楚了解社会大众的需求,能够为政府治理提供不同的角度和观点,从而弥补官方决策咨询机构注重政府战略研究而导致对基础民生问题的疏漏,填补这块空白。因此政策上应该尽快完善针对民间决策咨询机构的相关制度规范,打破体制内与体制外的界限壁垒,给予民间决策咨询机构更多的支持和保障。通过完善捐赠制度和基金会制度,帮助决策咨询机构拓宽经费来源渠道,实现资金来源多元化。政府应该发挥桥梁纽带作用,通过建立社会决策咨询机构、政府和民众沟通的平台,为社会决策咨询机构提供思想和言论空间,提升民间决策咨询机构的品牌自信。最后应建立高校决策咨询机构相关评价指标体系,确立高校决策咨询机构在整个体系中的定位以及承担的任务,健全其合作交流机制,尤其是与政府之间的访问、沟通和调研机制。为高校决策咨询机构研究人员提供更多参与到政府决策咨询一线工作的机会,使高校决策咨询机构提供的决策意见具备专业性的同时也具有可操作性,最终帮助高校决策咨询机构成为政府决策体系多元化的最后一块拼图。

三、提高决策咨询机构成果转化率

决策咨询机构是通过对公共服务的研究为政府决策提供政策建议,换句话说决策咨询机构不但需要具备普通科研机构所必需的科研能力,同时还应当具备高效的研究成果转化能力。只有将研究成果充分转化为具有可操作性的政策建议,决策咨询机构才算真正发挥了自身的价值,同时具备继续存在的意义。如果研究成果不能为社会服务,那研究成果永远只能停留在理论阶段。然而,我国决策咨询机构的成果转化率相较国外优秀决策咨询机构仍然有着较大的差距。以我国高校为例,"我国高校人文社科领域共出版著作15万部,发表论文158万篇,这些研究成果转化为公共政策建议的仅有6万余份,得到中央领导批示或被省部级以上部门采纳的更少。"①决策咨询机构成果转化率低的主要原因在于我国决策咨询机构以官方为主,而官方决策咨询机构的研究报告大多是对现行政策的依附和宣传,对具体

---

① 温馨,王惠明.特色新型高校决策咨询机构建设的困境与改革思路:基于决策咨询机构成果转化的视角[J].中国高校科技,2016(11):15-18.

决策难题的创新性研究较少,因此,决策研究成果缺乏超前性,往往严重滞后于当前总体的经济形势,研究成果转化率自然严重不足。提高决策咨询机构的成果转化率首先应当加强决策咨询研究的质量和深度。欧美发达国家的决策咨询机构之所以如此发达,主要还是因为其决策研究成果符合政府或企业的现实需求,能够为政府和企业解决现实困难。市场化模式下的决策咨询机构立足之本还是产品质量,只有高质量的产品才能获得市场的垂青,形成良性循环。其次,加强决策咨询机构、政府部门和企业之间的紧密联系,决策咨询机构应当及时掌握政府部门和企业的现实需求,对于需求的变化也应当具有较强的敏感度。只有这样才能使得决策咨询机构的研究成果更具针对性和实用性。最后,加强研究成果的宣传和推广,提高社会各界对决策咨询机构最新研究成果的了解程度,提升决策咨询成果的使用率。日本在这方面的做法值得我国借鉴,为了使研究成果能够被更多人了解,"日本决策咨询机构通常通过出版发行期刊、举办报告会、参加交流、上电视进广播,以及网络等方式,向社会广泛推广,实现决策咨询机构与社会的有效对接。"①

四、构建机构评价指标体系

政府决策咨询机构的可持续发展除了需要内部均衡的发展和成果转化率的提高,还需要有较为系统和完善的评价指标体系,《全球决策咨询机构评价报告》是目前我国在评价决策咨询机构时较多被参考的指标体系,"该报告从吸引力、管理力和影响力三个方面,对 359 家最具影响力的全球决策咨询机构开展评价,最终排出总分得到全球前 100 名决策咨询机构。"②而其中的评价指标在面对如今越发复杂的决策咨询环境时已经无法准确有效地真实评价决策咨询机构的综合实力。新形势下构建完善的评价指标体系需要重视以下几方面问题:首先,应当明确机构功能定位,重视开展对决策咨询机构的内涵研究。决策咨询机构与普通的学术研究机构还是存在本质区

---

①　王志章.日本决策咨询机构发展经验及其对我国打造高端新型决策咨询机构的启示[J].思想战线,2014.(2):144-151.

②　王文,李振.中国决策咨询机构评价体系的现状与展望[J].决策咨询机构理论与实践,2016(4):20-24.

别的,主要差别在于决策咨询机构的研究是围绕国家的公共政策和战略问题开展的,其目标是帮助决策者维护公共利益,提高决策科学性和准确性。因此如果仅仅以学术研究机构的目标建立评价指标体系必然无法真正评价决策咨询机构的功能发挥效果。其次,应当注重探索科学评价方法。科学的评价方法可以加强决策咨询评估的准确性,提高评估效率。目前我国决策咨询评估主要采用政府主导的评估方式开展决策咨询评估,通常以政府为主体,邀请专家参与评估,并结合民意对政府决策的实施情况进行分析,从侧面对决策咨询机构在政府决策中的作用进行评估。这种决策评估方式虽然能够在一定程度上对决策咨询机构的功能发挥进行评价,但是仍然存在一定问题。由于政府是决策评估的主导者,又是决策拍板者,不免会对专家的评估造成一定顾虑,影响评估的准确性。因此,我国的决策咨询评价方法,应当在目前的评价方式基础上,逐步引入第三方评价、同行评价和全球评价等国际优秀决策咨询机构评价方式。此外,借助定性研究和定量研究相结合的方式,建立科学的评价指标。最后,梳理决策咨询机构的核心竞争力,评价一个决策咨询机构的好坏方式有很多,不同的参考标准就会产生不同的决策咨询机构排名顺序。正因为这样,挖掘出决策咨询机构真正的核心竞争力,通过对核心竞争力的梳理和归纳来制定准确的评价指标并构建科学的指标体系是推进决策咨询机构可持续发展的关键。

五、坚持开放合作的研究态度

我国政府决策咨询机构在政策研究上应当打破较为封闭的传统思想,寻求开放合作的研究新理念。在团队合作研究方面,"要鼓励决策咨询机构开展跨学科、跨部门、跨地区的合作,共同研究改革发展中全局性、综合性、战略性的重大问题。"[①]通过合作博采众长,提高决策咨询机构的研究效率。在个人能力提升方面,要鼓励我国决策咨询机构人才独立研究的同时,开展与国外决策咨询专家的交流合作,通过学习国外优秀决策咨询机构的研究方法、研究理念和研究态度,取长补短,提高自身的研究能力。此外,在决策

---

① 魏礼群.公共决策与决策咨询机构建设[J].中国行政管理,2015(10):6-8.

咨询机构人才引进方面,应当通过较为宽松的政策,吸引和鼓励优秀国外研究人才进入我国决策咨询机构工作。因为一些先进理念的学习是无法仅仅通过一两次专题讲座就能够达成的,共同研究和共同学习是国内外决策研究人才相互提高的重要方式。

决策咨询机构的主要作用在于通过专家学者将专业的理论知识转化为政府决策中科学有效的政策分析和政策研究,通过知识的转化最终为政府决策提供宝贵的建议和策略。其实无论是官方决策咨询机构还是民间决策咨询机构,都是跨领域和跨学科的人才思想交流平台。在思想的交流和融合中将具备知识性、实用性和专业性的政策研究成果嵌入整个社会结构中。当今社会多变复杂的决策环境增加了政策制定的复杂性和多样性。很多时候仅仅依靠单一力量是无法真正解决公共治理难题的。因此,在这样的客观情况下更加迫切需要官方决策咨询机构与民间决策咨询机构合作,利用双方各自优势,从科学的角度看待问题,在政府决策中起到智囊作用。当今我国经济社会已经到了高速发展时期,发展的过程带来了挑战,同时也带来了难得的机遇。多学科跨领域的专家学者们可以有机会联合起来,共同攻关越发多样化和复杂化的决策难题。因此官方决策咨询机构与民间决策咨询机构的合作将为未来我国决策咨询实现专业化和系统化打开新局面。但是从目前的情况来看,无论是官方决策咨询机构还是社会决策咨询机构都不具备较强的合作意愿和合作条件,多数情况他们之间所谓的合作更像是形式上的交流。而真正在面对实际的科学研究时往往还是采用自己熟悉的套路和模式,各自修行,分散了研究力量。从而无法真正形成研究合力,不但浪费了研究资源,也失去了双方共同合作的根本意义。为了使官方决策咨询机构与社会决策咨询机构的合作真正具有价值,合作平台的搭建就显得尤为重要。平台的最主要作用就是消除两个机构之间的壁垒和身份障碍,统一双方思想和目标,整合双方的研究力量,集中力量攻坚决策难题。

无论是同类型决策咨询机构之间的合作,还是不同类型决策咨询机构的跨领域合作。作为新形势下我国政府决策的智囊团,都应当时刻持有一颗开放合作的心,在合作中找到自身的不足,学习别人先进的决策理念和方式。更重要的是开放合作的研究态度可以使合作双方有机会参与到社会建设重大理论及现实问题的研究中去,完成之前仅靠自身力量实现不了的目标,通过自身突破不断完成高质量的研究成果,为政府决策提供坚实的智力支持。此外,随着全球一体化的进程加快,开放合作的研究态度将会造就越来越多的跨领域、跨学科甚至跨国度的研究合作,搭建更多新型的研究平台。

结　论

在当前社会高度复杂化、碎片化的背景之下，决策咨询机构在公共决策过程中的地位日益突显。决策咨询机构的功能塑造，关系到我国公共决策的科学性及合理性程度，甚至能够影响政府的公共治理和社会管理成效。因此，对当下政府决策咨询机构及其功能塑造的研究尤为重要。

对决策咨询机构功能塑造的研究同时具有理论和现实两方面的重要意义，此外，研究结果不但对公共决策过程具有更深入的解释力，而且对相关政策的制定有重要的借鉴和参考价值。本研究所获取的主要发现与结论如下：

（1）决策咨询机构功能塑造与组织结构存在统一关系。 根据"结构是功能的运行载体，功能是结构的质量判定"这一双向逻辑，决策咨询机构的组织结构嬗变与功能塑造能力关系密切。一方面，组织结构是功能形成的物质基础，系统结构的变化性使得组织功能也处于不断的变化和发展之中；另一方面，组织功能是组织结构稳定性、独特性、合意性的衡量标准。对决策咨询机构的研究，离不开对"结构"和"功能"关系的探讨。

（2）结构功能主义的视角下，决策咨询机构的功能包括获取信息资源、实现咨询目标、协调组织运作以及保持结构稳定四个方面。 根据结构功能主义的观点，决策咨询机构功能塑造影响因素可以从适应、达鹄、整合、维模等四维度进行剖析：其一，决策咨询机构的适应功能主要指其获取信息资源的能力，全面而准确的决策信息资源获取是完善决策咨询机构功能发展的前提，因此决策咨询机构应当充分利用其自身的特点和优势建立完善的信息获取机制；其二，决策咨询机构的达鹄功能是指实现咨询目标，达到思想生产和决策咨询的作用;其三,决策咨询机构的整合功能主要是指决策咨询机构借助其独有的组织协调功能,对高校、各类研究机构以及政府进行信息和人力资源的整合;其四,决策咨询机构的维模功能,是指在组织结构的变化发展中,维持组织职、责、权方面的动态结构稳定性。

(3) 当下我国决策咨询机构功能塑造中,存在经济系统功能不足、政治系统功能虚化、社会共同体系统功能缺失、文化模式托管系统功能较弱等四类问题。执行适应、达鹄、整合、维模四种功能的子系统分别为经济系统、政治系统、社会共同体系统和文化模式托管系统。由各个子系统之间的相互联系实现了系统的结构化。而系统结构的稳定性,则是由适应、达鹄、整合、维模四种功能来支持。当下我国决策咨询机构的功能塑造中,四类子系统均存在不同程度的功能发挥欠缺问题,从而导致整个决策咨询体系的运转不畅。

(4) 决策咨询机构功能塑造面临的现实问题与困境是多因作用的结果,其中外因是主要因素。影响决策咨询机构功能发挥的因素纷繁复杂,本书从内部和外部两方面,对众多因素进行梳理和分类,其中外部因素包括制度因素、知识因素、社会因素、技术因素和合作因素,内部因素则包括结构因素、运营因素、管理因素和动力因素。通过结构方程模型的分析得知,外部因素是造成当下决策咨询机构功能发挥不足的主要原因(外部因素总效应0.426,内部因素为 0.335)。制约决策咨询机构功能发挥的因素主要为制度土壤和政策环境。

(5) 政府应积极制定相关政策,为决策咨询机构功能塑造的改善和优化提供完善的制度保障和良好的政策环境。决策咨询机构在适应、达鹄、整合、维模上的功能塑造是一个系统过程,通过在结构功能主义的理论框架下逐一分析四类功能的塑造方法及其影响因素,本研究提出通过适应内外环境、明确组织目标、优化运作模式、保障持续发展等措施优化和改善当下中国决策咨询机构功能塑造。

可喜的是,近年来我国决策咨询机构的发展也已经逐渐看到成效。"十八大"以来,随着我国体制建设日趋完善,政府决策咨询机构在组织结构和运行机制上进行了改革和优化,形成了相对完善的体制框架。各级政府设立了专门的决策咨询机构,建立了相应的管理制度,提高了决策咨询的规范性和专业性。

(1)专家资源不断丰富:政府决策咨询机构吸引了一批具有丰富经验和专业知识的专家参与咨询工作。通过建立专家库、开展专家委员会等方式,相关领域的专家参与决策过程的频率和深度都有所提升,为科学决策提供了专业建议和意见。

(2)决策质量显著提升:政府决策咨询机构在为政府决策提供咨询服务方面发挥了重要作用。通过深入调研、分析数据、撰写报告等方式,政府决策咨询机构能够为政府提供全面、准确的信息和建议,提升了决策的科学性和可行性。

(3)沟通合作得到拓展:政府决策咨询机构加强了与各界的沟通与合作。通过举办研讨会、开展专题调研、邀请社会各界参与等方式,能够更好地了解民意、接受各类信息。

(4)科学决策理念普及:政府决策咨询机构通过发布研究成果、组织培训等方式,推广科学决策理念和方法。政府工作人员以及其他相关人员能够接受系统化的培训,提高了决策水平和能力,逐渐形成了科学决策的文化氛围。

以上的这些努力和进步都为决策咨询机构的发展提供了支撑,为国家的科学决策提供基础保障。

参考文献

中文参考文献

1. 著作类

［1］王浦劬.政治学基础［M］.北京：北京大学出版社,2006.

［2］刘建军.古代中国政治制度十六讲［M］.上海：上海人民出版社,2009.

［3］张康之.合作的社会及其治理［M］.上海：上海人民出版社,2014.

［4］王向民.民国政治与民国政治学［M］.上海：世纪出版集团,2008.

［5］边晓利.构建与渐变：决策咨询机构意识与行动策略［M］.北京：国家图书馆出版社,2012.

［6］叶林生,丁伟东,黄正术.中国封建官僚政治研究［M］.南京：南京大学出版社,2009.

［7］左言东.中国政治制度学［M］.杭州：浙江大学出版社,2009.

［8］朱旭峰.中国思想库：政策过程中的影响力研究［M］.北京：清华大学出版社,2009.

［9］林永波,张世贤.公共政策［M］.台北：五南图书出版公司,1982.

［10］亚里士多德.尼各马伦理学［M］.北京：商务印书馆,2003.

［11］张鸣.中国政治制度史导论［M］.北京：中国人民大学出版社,2010.

［12］王芳,陈胜可,冯国生,等.SAS统计分析与应用［M］.北京：电子工业出版社,2011.

［13］褚鸣.美欧决策咨询机构比较研究［M］.北京：中国社会科学出版社,2013.

［14］王佩亭,李国强.海外决策咨询机构：世界主要国家决策咨询机构考察

[M].北京：中国财政经济出版社,2014.

[15] 霍奇逊.现代制度主义经济学宣言[M].北京：北京大学出版社,1993.

[16] 俞可平.治理与善治[M].北京：社会科学文献出版社,2000.

[17] 郭义嘉.合作治理：再造公共服务的逻辑[M].天津：天津人民出版社，
2009.

[18] 胡鞍钢,王绍光.政府与市场[M].北京：中国计划出版社,2000.

[19] 杨雪冬.论治理的制度基础[M].天津：天津社会科学院出版社,2002.

[20] 邓正来.国家与市民社会：中国视角[M].北京：中国人民大学出版社，
2011.

[21] 燕继荣.投资社会资本：政治发展的一种维度[M].北京：北京大学出
版社,2005.

[22] 王洪树.协商合作视野下的民主政治研究[M].北京：中国社会科学出
版社,2010.

[23] 丁煌.西方行政学说史[M].武汉：武汉大学出版社,1999.

[24] 张静.法团主义[M].北京：中国社会科学出版社,1998.

[25] 陈华.吸纳与合作：非政府组织与中国社会管理[M].北京：社会科学
文献出版社,2011.

[26] 汪伟全.地方政府合作[M].北京：中国编译出版社,2013.

[27] 李怀祖.管理研究方法论[M].西安：西安交通大学出版社,2004.

[28] 陈向明.质的研究方法与社会科学研究[M].北京：教育科学出版社，
2000.

[29] 卢现祥.新制度经济学[M].武汉：武汉大学出版社,2004.

[30] Herbert A Simon.管理行为[M].4 版.杨烁,等,译.北京：北京经济学
院出版社,1988.

[31] Stephen P Robins.组织行为学[M].10 版.孙健敏,等,译.北京：中国人
民大学出版社,2005.

[32] Cover Starling.公共部门管理[M].8 版.常健,等,译.北京：中国人民
大学出版社,2012.

[33] Andrew Rich.决策咨询机构公共政策与专家治策的政治学[M].潘羽

辉,译.上海:上海社会科学院出版社,2010.

[34] Donald Abelson.决策咨询机构能发挥作用吗:公共政策研究机构影响之力评估[M].扈喜林,译.上海:上海社会科学院出版社,2010.

[35] 王学民.应用多元统计分析(第二版)[M].上海:上海财经大学出版社,2004.

[36] 米尔斯.权力精英[M].南京:南京大学出版社,2005.

[37] 托马斯·戴伊.理解公共政策[M].北京:华夏出版社,2002.

[38] 曼瑟尔·奥尔森.集体行动的逻辑[M].上海:上海人民出版社,1995.

[39] 萨巴蒂尔.政策过程理论[M].北京:三联书店,2004.

[40] 李凌,等.决策咨询机构产业:演化机理与发展趋势[M].北京:三联书店,2012.

[41] 包月阳.中国决策咨询机构[M].北京:中国发展出版社,2013.

[42] 任玉岭.国家决策咨询机构[M].北京:红旗出版社,2011.

[43] 吴天佑,傅曦.美国重要思想库[M].北京:时事出版社,1982.

[44] 朱峰,王丹若.领导者的外脑:当代西方思想库[M].杭州:浙江人民出版社,1990.

[45] 丁敏.决策咨询机构产业:日本头脑产业:Think Tank 研究[M].北京:社会科学文献出版社,2004.

[46] 谭维克.建设首都社会主义新决策咨询机构研究[M].北京:中央文献出版社,2012.

[47] 徐之先,徐淡.日本的脑库[M].北京:时事出版社,2001.

[48] 袁鹏,傅梦孜.美国思想库及其对华倾向[M].北京:时事出版社,2003.

[49] 李英铨.中国古代历史上的智囊[M].南宁:广西人民出版社,2006.

[50] 李轶海.国际著名决策咨询机构研究[M].上海:上海社会科学院出版社,2010.

[51] 张春.美国思想库与一个中国政策[M].上海:上海人民出版社,2007.

[52] 王佩亨,李国强.海外决策咨询机构:世界主要国家决策咨询机构考察报告[M].北京:中国财政经济出版社,2013.

[53] 于今.中国决策咨询机构发展报告[M].北京:国家行政学院出版社,

2011.

[54] 中国国际经济交流中心.全球决策咨询机构经济观察[M].北京：社会科学文献出版社,2013.

[55] 李子奈,叶阿忠.高等计量经济学[M].北京：清华大学出版社,2000.

[56] 张国庆.公共行政学[M].北京：北京大学出版社,2007.

[57] 王莉丽.旋转门美国思想库研究[M].北京：国家行政学院出版社,2010.

[58] 竺乾威.公共行政理论[M].上海：复旦大学出版社,2008.

[59] 宁骚.公共政策学[M].北京：高等教育出版社,2011.

[60] 陈振明.公共管理学[M].北京：中国人民大学出版社,2008.

[61] 刘伯龙,竺乾威.当代中国公共政策[M].上海：复旦大学出版社,2009.

[62] 林芯竹.为谁而谋：美国思想库与公共政策制定[M].北京：知识产权出版社,2007.

[63] 罗必良.新制度经济学[M].太原：山西经济出版社,2005.

[64] 水延凯.社会调查教程（第三版）[M].北京：中国人民大学出版社,2002.

[65] 王健.决策咨询机构转型：理论创新与实践探索[M].北京：生活·读书·新知三联书店,2012.

[66] 斯蒂芬·P 罗宾斯,蒂莫西·A. 贾奇.组织行为学[M].北京：清华大学出版社,2014.

[67] 赵曼,陈全明.公共部门人力资源管理[M].北京：清华大学出版社,2010.

[68] 陈振明.公共服务导论[M].北京：北京大学出版社,2011.

[69] 王乐夫.公共管理学[M].北京：清华大学出版社,2012.

[70] 赵熙瑞.中国公共管理[M].北京：中共中央党校出版社,2004.

[71] 欧文·E. 休斯.公共管理导论（第二版）[M].北京：中国人民大学出版社,2001.

[72] 唐娟.政府治理论[M].北京：中国社会科学出版社,2006.

[73] 顾平安.政府发展论[M].北京：中国社会科学出版社,2005.

[74] 杨冠琼.政府治理体系创新[M].北京：经济管理出版社,2000.

[75] 路大虎.新行政精神改变中国[M].杭州：浙江人民出版社,2013.

[76] 张立荣.中外行政制度比较(第二版)[M].北京：商务印书馆,2013.

[77] 珍妮特·V.登哈特,等.新公共服务：服务,而不是掌舵[M].北京：中国人民大学出版社,2004.

[78] 于今.决策咨询机构产业的体系构建[M].北京：红旗出版社,2013.

[79] 迈克尔·波特.竞争战略[M].北京：中国人民大学出版社,2004.

[80] 李光.现代思想库与科学决策[M].北京：科学出版社,1991.

[81] 王朗玲,孟庆琳.西方经济思想库[M].北京：经济科学出版社,1997.

[82] 范贤睿.领袖的外脑：世界著名思想库[M].北京：中国社会出版社,2000.

[83] 李建军.世界各国决策咨询机构研究[M].北京：人民出版社,2010.

[84] 冯绍雷.决策咨询机构：国外高校国际研究院比较研究[M].上海：上海人民出版社,2011.

[85] 费孝通.江村经济[M].北京：北京大学出版社,2012.

[86] 詹姆斯·麦肯.全球决策咨询机构：政策网络与治理[M].上海：上海交通大学出版社,2015.

[87] 王辉耀,苗绿.大国决策咨询机构[M].北京：人民出版社,2014.

[88] 金芳,孙震海.西方学者论决策咨询机构[M].上海：上海社会科学院出版社,2010.

[89] 陈可风.罗马共和宪政研究[M].北京：法律出版社,2004.

[90] 高洪深.决策支持系统(CDSS)理论与方法[M].北京：清华大学出版社,2009.

[91] 黄晓英,赵海燕.管理信息系统[M].北京：科学出版社,2009.

[92] 李安芳,王晓娟,等.中国决策咨询机构竞争力建设方略[M].上海：上海社会科学院出版社,2010.

[93] 刘峰,舒绍福.中外行政决策体制比较[M].北京：国家行政学院出版社,2008.

[94] 莫于川,林鸿潮.政府信息公开条件实施指南[M].北京：中国法制出

版社,2008.

[95] 幕静.管理信息系统开发方法、工具与应用[M].北京:清华大学出版社,2010.

[96] 覃正,李艳红,等.中美电子政务发展报告[M].北京:科学出版社,2008.

[97] 沈惠璋.突发危机事件应急贯序群决策与支持系统[M].北京:科学出版社,2011.

[98] 吴敬华.决策与智慧[M].天津:天津人民出版社,2009.

[99] 吴贺新,张旭.现代咨询理论与实践[M].北京:中国科学技术出版社,2000.

[100] 吴怡青.电子政务与决策咨询创新[M].济南:山东人民出版社,2007.

[101] 杨善林.智能决策方法与智能决策支持系统[M].北京:科学出版社,2005.

[102] 袁刚.中国古代政府机构设置沿革[M].哈尔滨:黑龙江人民出版社,2003.

[103] 阎照祥.英国政治制度史[M].北京:人民出版社,1999.

[104] 朱松春.科学决策全书[M].北京:中国言实出版社,1999.

[105] 李东.管理信息系统的理论与应用[M].北京:北京大学出版社,1998.

[106] 申静.咨询理论与实务[M].北京:中国电力出版社,2000.

[107] 金江军,潘懋.电子政务理论与方法[M].北京:中国人民大学出版社,2009.

[108] 张树义.行政法学[M].北京:北京大学出版社,2006.

[109] 郭小聪.政府经济学[M].北京:中国人民大学出版社,2008.

[110] 刘德海.江苏新型决策咨询机构体系建设研究[M].南京:江苏人民出版社,2014.

[111] 康晓光,冯利.2014中国第三部门观察报告[M].北京:社会科学文献出版社,2014.

[112] 孙柏瑛.当代地方治理:面向21世纪的挑战[M].北京:人民大学出版社,2014.

[113] 许海清.国家治理体系与治理能力现代化[M].北京：中共中央党校出版社,2013.

[114] 麻宝斌.公共治理理论与实践[M].北京：社会科学文献出版社,2013.

[115] 何五星.政府决策咨询机构[M].北京：国家行政学院出版社,2013.

[116] 缪其浩.从洞察到谋略：国外科技智库研究[M].上海：上海科学技术文献出版社,2020.

2. 期刊论文类

[1] 丁煌.美国的思想库及其在政府决策中的作用[J].国际技术经济研究学报,1997(3)：31－37.

[2] 傅广宛.政府决策咨询机构的中国特色：内涵研究——以中西方比较为研究视角[J].中国行政管理,2010(12)：57－60.

[3] 张立荣,冷向明.协同治理与我国公共危机管理模式创新：基于协同理论的视角[J].华中师范大学学报（人文社会科学版）,2008(2)：11－19.

[4] 张新霞.英国思想库在公共政策形成过程中的作用[J].石家庄学院学报,2009(1)：11－14.

[5] 戴慧.英国智库考察报告[J].中国发展观察,2014(1)：34－38.

[6] 任晓.第五种权力：美国思想库的成长、功能及运作机制[J].现代国际关系,2000(7)：18－22.

[7] 巩艳芳,巩艳梅.美国思想库及其影响[J].广西社会科学,2006(12)：155－158.

[8] 邓林.论法国思想库及其政治功能[J].广东外语外贸大学学报,2015(1)：90－95.

[9] 冯艳,刘双红,马颖辉.疫情防控档案资源建设与智能决策咨询能力建设研究[J].档案管理,2021(6)：124－125.

[10] 师智峰.关于思想库研究现状的综述及评论[J].社会科学管理与评论,2007(3)：81－87.

[11] 杨雅琪.党校思想库的功能及发展优势浅析[J].理论学习与探索,2015

（6）：70 - 71.

[12] 钱再见.当代中国民间思想库及其功能实现路径研究：基于国家与社会关系视角的分析[J].行政论坛,2013(5)：54 - 59.

[13] 张沱生.中国智库要充分发挥桥梁作用[J].国际展望,2010(5)：25 - 26.

[14] 卢晶颖.中国思想库建设的环境因素探析[J].情报资料工作,2008(5)：67 - 70.

[15] 李艳,王凤鸣.欧美思想库运行机制对我国思想库发展的借鉴意义[J].学术界,2010(5)：214 - 221.

[16] 吴军飞.民间智库在公共政策制定中的功能及实现障碍[J].华北电力大学(社会科学版),2011(6)：41 - 42.

[17] 严蓓蓓.当代中国思想库的角色特征及其独立性缺失析论[J].行政论坛,2012(4)：93 - 96.

[18] 欧阳君君.论行政决策咨询机构的角色认定、功能建构与行为规制[J].天津行政学院学报,2013(5)：64 - 69.

[19] 任玥.试论我国大学智库功能发展的困局：中美比较的视角[J].高校教育管理,2014(4)：31 - 36.

[20] 占学识.国家治理视域中的中国特色新型决策咨询机构建设[J].湖北行政学院学报,2014(5)：32 - 37.

[21] 安丽娜.新时期中国智库建设的法治保障初探[J].中国行政管理,2015(4)：148 - 149.

[22] 杨敏.新型教育智库：特征、功能与建设策略[J].当代教育论坛,2015(6)：31 - 36.

[23] 陈光猛.美国思想库的发展和演变[J].贵州师范大学学报,2006(1)：47 - 51.

[24] 胡鞍钢.建设中国特色新型决策咨询机构：实践与总结[J].上海行政学院学报,2014(2)：4 - 11.

[25] 涂端午,魏巍.什么是好的教育政策[J].教育研究,2014(1)：47 - 53.

[26] 刘德海.中国特色新型智库协调发展研究：兼论江苏新型决策咨询机构体系构建[J].南京社会科学,2014(12)：1 - 7.

[27] 许寿椿.从王竹溪《新部首大字典》说起：关于新型智库建设的几点想法[J].汉字文化,2015(5)：37-38.

[28] 苗树彬.努力建设高端社会智库[J].中国党政干部论坛,2015(1)：21-24.

[29] 李国强.对"加强中国特色新型智库建设"的认识和探索[J].中国行政管理,2014(5)：16-19.

[30] 陈振明.政策科学与智库建设[J].中国行政管理,2014(5)：11-15.

[31] 薛澜,朱旭峰."中国思想库"：涵义、分类及研究展望[J].科学学研究,2006(3)：321-327.

[32] 张超.一党制的起源、分类及演化：亨廷顿一党制研究述要[J].国外理论动态,2013(11)：87-98.

[33] 朱旭峰.美国思想库对美国社会思潮的影响[J].现代国际关系,2002(8)：42-46.

[34] 姚东琴.省级社科院：官方智库的"最外围"危机[J].中国经济周刊,2013(29)：34-38.

[35] 崔树义.论地方社科院智库建设中的三大关系[J].社会科学管理与评论,2013(2)：89-103.

[36] 杨敏.民间智库的生存哲学[J].决策,2014(2)：35-37.

[37] 王大骐,张欢.美国智库的前世今生[J].领导文萃,2012(12)：109-112.

[38] 王莉丽.美国思想库发展历程及面临挑战[J].红旗文稿,2009(14)：33-36.

[39] 俞可平.治理和善治：一种新的政治分析框架[J].南京社会科学,2001(9)：40-44.

[40] 于大波,王晓群.美国智库的全球化发展[J].瞭望,2010(34)：40-43.

[41] 王志章.日本智库发展经验及其对中国打造高端新型智库的启示[J].思想战线,2014(2)：144-151.

[42] 刘少东.智库建设的日本经验[J].人民论坛,2013(12)：18-23.

[43] 刘华.日本智库畅通"官""民"[J].瞭望,2010(9)：42.

[44] 许共城.欧美智库比较及对中国智库发展的启示[J].经济社会体制比

较,2010(2):77-83.

[45] 薛澜.智库热的冷思考:破解中国特色智库发展之道[J].中国行政管理,2014(5):6-10.

[46] 房宁.适应时代发展,推进中国政治智库建设[J].政治学研究,2013(5):14-17.

[47] 王文.智库、公共外交与中国梦[J].国外社会科学,2013(6):4.

[48] 李凯林,何少华.关于国内智库建设的几个问题:以首都智库建设为例[J].北京行政学院学报,2013(2):67-70.

[49] 李嘉,卢海燕.论国外智库的中国研究对我国政府决策以及决策服务的参考价值[J].情报科学工作,2013(3):81-85.

[50] 杨玉良.大学智库的使命[J].复旦学报(社会科学版),2012(1):4.

[51] 王莉丽.美国公共外交中智库的功能与角色[J].现代国际关系,2012(1):39-42.

[52] 王绍光,樊鹏.集思广益型决策:比较视野下的中国智库[J].中国图书评论,2012(8):12-22.

[53] 徐晓虎,陈圻.地方智库运行机制研究:基于地市级智库的实证研究[J].南京大学学报(哲学、人文学院、社会科学版),2012(5):21-28.

[54] 何志武.网络民意与公共政策的民间智库[J].现代传播,2012(11):101-104.

[55] 李桢.智库对我国政府公共决策的影响力研究:以社科院系统为例[J].情报资料工作,2012(6):97-100.

[56] 夏书章.加强合作治理研究是时候了[J].复旦公共行政评论,2012(2):1-4.

[57] 张康之.论参与治理、社会自治与合作治理[J].行政论坛,2008(6):1-6.

[58] 王健.论中国智库发展的现状、问题及改革重点[J].新疆师范大学学报,2015(4):29-34.

[59] 李纲,李阳.情报视角下的智库建设研究[J].图书情报工作,2015(11):36-41.

[60] 陈升,孟漫.智库影响力及其影响机理研究:基于39个中国智库样本

的实证研究[J].科学学研究,2015(9)：1305 - 1312.

[61] 张军,周磊,慕慧鸽.国际权威智库定量研究方法进展与趋势[J].图书情报工作,2015(7)：132 - 139.

[62] 帕瑞克·克勒纳,韩万渠.智库概念界定和评价排名：亟待探求的命题[J].中国行政管理,2014(5)：25 - 28.

[63] 袁建霞,董瑜,张薇.论情报研究在我国智库建设中的作用[J].情报杂志,2015(4)：4 - 7.

[64] 张志强,苏娜.国际智库发展趋势特点与我国新型智库建设[J].智库理论与实践,2016(1)：9 - 23.

[65] 李纯,张冬荣.科技智库的社会经济数据需求及其建设模式案例分析[J].图书情报工作,2015(11)：98 - 105.

[66] 赵志耘,杨朝峰.中美思想库比较研究[J].中国软科学,2011(7)：17 - 23.

[67] 李艳,王凤鸣.欧美思想库运行机制对我国思想库发展的借鉴意义[J].学术界,2010(5)：214 - 221.

[68] 孙哲.中国外交思想库：参与决策的角色分析[J].复旦学报(社会科学版),2004(4)：98 - 104.

[69] 陈广猛.中国外交思想库：定义、分类和发展演变[J].外交评论,2009(1)：57 - 69.

[70] 朱旭峰,礼若竹.中国思想库的国际化建设[J].重庆社会科学,2012(11)：101 - 108.

[71] 张春.思想库与小布什政府的外交政策[J].现代国际关系,2002(8)：58 - 63.

[72] 傅广宛,刘晓永,毛志凌.我国政府决策机制的变迁与思想库的发展[J].当代世界与社会主义,2011(1)：131 - 134.

[73] 洪伟,邓心安.中国民间思想库：作用与对策[J].科学与管理,2008(1)：28 - 30.

[74] 侯经川,赵蓉英.国外思想库的产生发展及其对政府决策的支持[J].图书情报知识,2003(5)：23 - 25.

[75] 王智勇.德国的思想库[J].国际经济评论,2005(3 - 4)：60 - 64.

[76] 张健荣.纵谈俄罗斯智库[J].社会观察,2006(8)：13－14.

[77] 吕余生.关于建设社会主义新智库的思考与探索[J].学术论坛,2009 (12)：143－146.

[78] 李燕,王凤鸣,欧美思想库运行机制对我国思想库发展的借鉴意义 [J].学术界,2010(5)：214－221.

[79] 夏竞辉,邹逸安.国外咨询业发展中政府扶植的措施[J].中国软科学, 1996(2)：4.

[80] 曹益民.世界主要国家公共决策咨询的做法和经验[J].中国软科学, 2000(10)：4.

[81] 范凡,郑志勇.国外促进咨询业发展的若干政策措施[J].中国信息导 报,2002(10)：27－28.

[82] 刘小燕.政府对外传播中的"智库"与"第二管道"[J].传播学研究,2008 (3)：28－32.

[83] 高国力.构建我国智库差别化评价体系的思路和建议[J].中国物价, 2017(2)：3－5.

[84] 张小刚.绿色经济发展内在构成要素分析[J].求索,2011(9)：49－50.

[85] 夏春海,王力.中美智库的外部环境因素对比研究[J].前沿,2013(1)： 7－9.

[86] 侯经川,赵蓉英.国外思想库的四大制度保障[J].中国信息导报,2013 (8)：18－19.

[87] 王佳宁.智库的起源、历史及趋势[J].重庆社会科学,2013(10)：102－ 109.

[88] 朱旭峰,苏钰.西方思想库对公共政策的影响力：基于社会结构的影响 力分析框架构建[J].世界经济与政治,2004(12)：21－26.

[89] 房宁.美国政治决策过程分析[J].战略与管理,1994(6)：4.

[90] 陆铭,李爽.社会资本、非正式制度和经济发展[J].管理世界,2008(9)： 161－165.

[91] 周红云.社会资本：布迪厄,科尔曼和帕特南的比较[J].经济社会体制 比较,2003(4)：46－53.

[92] 王莉丽.美国智库的"旋转门"机制[J].国际问题研究,2010(2)：13-18.

[93] 任晓.美国智库为何影响力大[J].社会观察,2006(8)：19-21.

[94] 陈卓武,韩云金,林逢春,等.试析美国思想库的运行机制：兼论其对中国发展思想库的启示[J].华南农业大学学报,2007(1)：54-58.

[95] 潘忠岐.欧洲智库的最新发展及其对华研究[J].现代国际关系,2010(10)：8-14.

[96] 贠杰.中国公共政策研究的现状分析[J].政治学研究,2001(1)：26-34.

[97] 汪廷炯.论思想库[J].中国软科学,1997(2)：5.

[98] 王晓民,蔡晨风.美国研究机构及其取得成功的原因[J].北京大学学报(哲学社会科学版),2001(1)：87-95.

[99] 王军,李双进,英国的思想库及其政治功能[J].当代世界社会主义问题,2003(1)：88-96.

[100] 傅广宛,白侯军,傅雨飞.中国古代决策咨询制度：历史沿革、发展特征与现代启示[J].江苏行政学院学报,2013(4)：84-90.

[101] 傅广宛,王娟.试论政府决策咨询机构的政策教育功能[J].河南师范大学学报,2012(4)：39-43.

[102] 刘宁.智库的历史演进、基本特征及走向[J].重庆社会科学,2012(3)：103-109.

[103] 马骏.现代智库及其功能分析[J].人民论坛,2012(5)：48-49.

[104] 孙蔚.中国智库的现状及其参与决策研究[J].中州学刊,2011(3)：119-122.

[105] 余章宝.作为非政府组织的美国智库与公共政策[J].厦门大学学报(哲学社会科学版),2007(3)：114-121.

[106] 许鑫,吴珊燕.智库知识库的构建研究[J].情报理论与实践,2014(3)：68-72.

[107] 周湘智.智库管理文化建设的维度及其提升[J].重庆社会科学,2012(12)：94-99.

[108] 陈剑.积极发挥智库作用推动政府决策科学化[J].前线,2010(3)：

44－46.

[109] 翟丹妮.应急平台中数字化预案系统建设的研究[J].中国公共安全，2008(1)：138－141.

[110] 韩聪亚.结构模型与邻接矩阵在经济管理中的应用[J].科技创新导报,2007(34)：125－126.

[111] 易大东.政府决策责任机制的运行环境要素分析[J].求索,2007(6)：61－63.

[112] 黄力,詹德优.我国决策咨询研究述评[J].情报理论与实践,2006(4)：503－507.

[113] 郭瑞鹏.基于预案的危机决策方法研究[J].科技进步与对策,2006(2)：44－46.

[114] 刘雪明.中国政策咨询业发展的现状、问题及对策研究[J].科学学研究,2001(2)：47－51.

[115] 曹益民.我国公共决策咨询面临的六大问题[J].中国行政管理,2001(5)：26－27.

[116] 曹益民.建立健全有中国特色的公共决策咨询机制[J].中国行政管理,2001(1)：21－23.

[117] 曹益民.公共决策咨询的特点与功能分析[J].中国行政管理,2000(10)：35－37.

[118] 何永红.推进政府决策咨询机制建设[J].宁波经济,2008(2)：35－39.

[119] 何永红.宁波市政府决策咨询机制建设的实证研究[J].宁波大学学报,2008(4)：138－144.

[120] 林素絮.政府决策信息咨询服务模式的优化[J].广州技术师范学院学报,2011(8)：54－56.

[121] 林素絮.政府决策咨询服务模式的定位与发展策略[J].韩山师范学院学报,2011(8)：28－34.

[122] 黄志敬.教育决策科学性的标准[J].教育理论与实践,2000(2)：19－22.

[123] 姜晓萍,范逢春.地方政府建立行政决策专家咨询制度的探索与创新[J].中国行政管理,2005(2)：86－90.

[124] 陈炳水.论我国行政决策中的公民参与[J].社会科学,2005(2):32-37.

[125] 梁仲明,王建军.论中国行政决策机制的改革和完善[J].西北大学学报,2003(3):90-95.

[126] 顾嘎良.论政府决策机制的改革和完善[J].行政与法,2003(9):12-15.

[127] 贾博.我国地方政府公共决策听证制度的民主价值分析[J].学习论坛,2002(11):15-16.

[128] 周玉蓉.地方政府决策机制的反思与重构[J].湖北社会科学,2002(11):25-26.

[129] 邱伟,吕其昌.美国思想库的分类[J].国际资料信息,2003(6):30-34.

[130] 陈新辉.现代西方思想库建设及中国的现状[J].中共福建省委党校学报,2002(2):78-80.

[131] 张继业.思想库与美国对外政策[J].国际论坛,2001(5):67-72.

[132] 田志文.试论思想库对美国外交政策的影响[J].世界经济与政治,1997(5):4.

[133] 卢丽娜.论决策咨询制度创新[J].山东政报,2003(14):46-47.

[134] 黄子兴.我国政府信息公开的必要性和重要性[J].中国民用航空,2011(11):62-65.

[135] 孙婷婷,胡弘昊.我国公共决策咨询的现状及发展思考[J].天府新论,2006(6):47-49.

[136] 傅广宛,张凌.政府决策咨询机构:重复建设与治理对策[J].上海行政学院学报,2016(2):51-57.

[137] 王莉丽.美国公共外交中智库的功能与角色[J].现代国际关系,2012(1):39-42.

[138] 石若坤."专家失灵"及对策建议[J].行政与法,2007(3):28-30.

[139] 李晗,柴艳荣.我国政府决策咨询产业化的建构选择[J].辽宁行政学院学报,2005(3):4-5.

[140] 李金龙,杨伟才.我国政府决策咨询发展路径初探[J].湖南文理学院学报,2008(5):49-52.

[141] 梁家春,黎桃桃,卢静.当代发达国家公共行政决策咨询体制比较及

启示[J].湘潮,2013(10):54-56.

[142] 陈建坤.科学决策制度论[J].东岳论丛,2001(5):30-34.

[143] 潘刚,陈秀敏.中国特色新型科技智库建设的思考[J].智库理论与实践,2021(6):39-45.

[144] 傅广宛.政策参与中的社会性别:关注、方法及分布[J].中国行政管理,2016(10):100-104.

[145] 傅广宛,杨宝强.嵌入理论视角下智库行政化现象研究[J].理论与改革,2016(1):94-97.

[146] 傅广宛,李志强,赵翊武,付丽莎.我国公共政策量化分析范式的变迁研究[J].行政科学论坛,2015(4):15-18.

[147] 池忠军,亓光.国家治理途径的社会治理[J].理论学刊,2015(7):69-75.

[148] 陈天祥.刍议公共治理中的公民参与[J].人民论坛,2014(6):30-32.

[149] 王锋.服务型政府建设中公共行政的科学精神[J].江苏社会科学,2014(1):130-136.

[150] 俞可平:"智库"的影响力从何而来[J].思想政治工作研究,2010(2):63.

[151] 王建君.中国智库锋芒待砺[J].瞭望,2009(4):16.

[152] 王春法.美国思想库的运行机制研究[J].社会科学管理与评论,2004(2):29-41.

[153] 侯经川.国外思想库的四大制度保障[J].中国信息导报,2003(8):18-19.

[154] 袁鹏.美国思想库:概念及起源[J].国际研究参考,2002(10):1-5.

[155] 马丁·W.蒂纳特,杨莉.德国智库的发展与意义[J].国外社会科学,2014(3):41-50.

[156] 斯蒂芬·奥尔森.美国智库的发展或可供中国借鉴[J].开放导报,2014(4):17-23.

[157] 威廉·R.安德森.美国信息公开法略论[J].当代西方研究,2008(2):36-44.

[158] 石亚军.实现政府科学决策机制的根本转变[J].中国行政管理,2006

（10）：10－13.

[159] 徐振光.西方政府咨询业的发展及启示[J].党政论坛,2007(10)：42－43.

[160] 陈波.专家的局限性及其控制：政府决策咨询视角[J].行政与法, 2005(1)：40－43.

[161] 陈柳钦.推动我国现代咨询业进一步发展[J].国家行政学院学报, 2005(1)：67－70.

[162] 贾博,董妙玲.我国地方政府决策咨询存在的问题与对策探讨[J].学习论坛,2000(9)：18－19.

[163] 周光辉.当代中国政府决策体制的形成与变革[J].中国社会科学, 2011(3)：101－120.

[164] 秦惠民,解水青.我国高校智库建设相关问题及研究对策[J].中国高校科技,2014(4)：15－20.

[165] 陈双梅.智库建设的困境摆脱与国家软实力提升[J].重庆社会科学, 2012(5)：92－98.

[166] 黄晓斌,王尧.地方文献与地方特色新型智库建设[J].国家情报知识, 2016(1)：35－41.

[167] 杜宝贵,隋立民.正确认识中国高校智库建设中的几个关系[J].高校教育管理,2014(2)：29－32.

[168] 张述存.地方高端智库建设的现状、问题与前瞻[J].国家行政学院学报,2017(1)：99－103.

[169] 张志强,苏娜.国际智库发展趋势特点与我国新型智库建设[J].智库理论与实践,2016(1)：9－23.

[170] 金姗姗.智库评价：新型高校智库建设的有效工具[J].教育发展研究,2016(11)：78－84.

[171] 朱旭峰,韩万渠.智库透明度评价与中国智库建设[J].经济社会体制比较,2016(6)：72－83.

[172] 沈国麟,李婪.高校智库建设：构建知识生产和社会实践的良性互动[J].新疆师范大学学报,2015(4)：46－50.

[173] 翟博.中国特色新型教育智库建设要有新视野[J].教育研究,2015

(4)：21 - 24.

[174] 邬大光.教育智库建设的特殊性[J].教育研究,2015(4)：14 - 16.

[175] 王辉耀.中国新型智库功能定位的思考与建议[J].中国市场,2014 (19)：21 - 25.

[176] 李辽宁.论思想政治教育的智库功能[J].思想政治教育研究,2015 (5)：20 - 23.

英文参考文献

[1] James G Mc Gann. The Competition for Dollars, Scholars and Influence in the Public Policy Research Industry[M]. New York：University Press of American, 1995.

[2] R Kent Weaver, The Changing World of Think Tanks[J]. Political Science and Politics, 1989, 9, (9)：564 - 568.

[3] Carol H Weiss. Organizations for Policy Analysis—Helping Government Think[C]. London：Sage Publications, 1990：1 - 20.

[4] McGann J G. The competition for dollars, scholars and influence in the public policy research industry [M]. Maryland：University Press of America, Inc, 1995.

[5] Rich A. Think tanks, public policy, and the politics of expertise [M]. New York：Cambridge University Press, 2004.

[6] Roger Scruton, A Dictionary of Political Thought[M]. London：The Macmillan Press, 1982.

[7] Allan Tupper. Think tanks, public debt, and the politics of expertise in Canada [J]. Canadian public administration, 1993, 36, (4)：530 - 546.

[8] Hartwig Pautz. Think Tanks in the United Kingdom and Germany：Actors in the modernisation of Social Democracy [J]. The British journal of politics and international relations, 2010, 12, (2)：274 - 294.

[9] Mahmood Ahmad. US Think Tanks and the politics of expertise: role, value and impact[J]. The Political Quarterly, 2008, 79, (4): 529 - 555.

[10] JG Mcgann. Think Tanks and policy advice in the US: academics, advisors and advocates[J]. Public Administration, 2009, 97(1): 142 - 157.

[11] McGann J G, E K Johnson. Comparative Think Tanks, Politics and Public Policy [M]. Cheltenham: Edward Elgar Publishing, 2005: 12.

[12] Peter Wells. Prescriptions for regional economic dilemmas: understanding the role of think Tanks in the governance of regional policy [J]. Public Administration, 2012, 90(1): 211 - 229.

[13] David Shambaugh. China's international relations Think Tanks: Evolving Structure and Process [J]. The China Quarterly, 2002, 171: 575 - 596.

[14] Donald E Abelson. Old world, new world: the evolution and influence of foreign affairs think-tanks [J]. International Affairs, 2014, 90(1): 125 - 142.

[15] Donald E Abelson, Christine M Carberry. Following Suit or Falling behind? A comparative Analysis of Think Tanks in Canada and the United States[J]. Canadian Journal of Political Science, 1998, 9(9): 525 - 555.

[16] Simon James. The idea brokers: the impact of think tanks on British government [J]. Public Administration, 1993, 71(4): 491 - 506.

[17] Paul Dickson. Think Tanks[M]. New Yorks: Atheneum, 1971.

[18] Zhu Xuefeng, Xue Lan. Think Tank in transitional China [J]. Public Administration and Development, 2007: 452 - 464.

[19] John Mclevey. Think Tanks, Funding, and the politics of policy knowledge in Canada [J]. Canadian Review of Sociology, 2014, 51(1): 54 - 75.

[20] Paul't Hart. A New Era for Think Tanks in Public Policy? International Trends, Australian Realities [J]. Research and Evaluation, 2008, 67(2): 135 - 148.

[21] Scott J C. Domination and the Arts of Resistance: Hidden Transcripts [M]. New Haven, CT: Yale University Press, 1992.

[22] Oi J C. Rural China Takes off: Institutional Foundations of Economic Reform [M]. Berkeley: University of California Press, 1999.

[23] Solinger D J. China's Transition from socialism: Statist legacies and Market Reforms, 1980 - 1990[M]. New York: M. E. Sharpe, Inc., 1993.

[24] White G, Howell J, Shang X Y. In Search of Civil Society: Market Re form and Social Change in Contemporary of China [M]. New York: Oxford University Press, 1996.

[25] Migdal J S. State in society: studying how states and societies transform and constitute one another[M]. Cambridge, New York: Cambridge University Press, 2001.

[26] Shue V. The Reach of the State [M]. Stanford, Calif.: Stanford University Press, 1988.

[27] Smith, James A, The Idea Brokers: Think-Tanks and the Rise of the New Policy Elite[M]. New York: The Fress Press, 1993.

[28] Day, Alan J, Think Tanks: An International Directory [M]. London: Longman, 1993.

[29] Jeffery Telgarsky with Ueno Makiko, Think Tank in a Democratic Soceity: An Alternative Voice [M]. Washington D.C.: The Urban Institute, 1996.

[30] Rhiannon Jones. Canadian think tanks and business research: an annotated Bibilgraphy [J]. Reference Reviews, 2016, 65(3): 1 - 5.

[31] Peter Mckinlay. Bridging a strategic gap: a think tank for local government in New Zealand [J]. Asia Pacific Journal of Public

Adminstration，2016，68(2)：131－137.

[32] Sara E. Shaw. The view from nowhere? How think tanks work to shape health policy [J]. Critical Policy Studies, 2015, 9(1)：58－77.

[33] Stone Diane, Capturing the Political Imagination：Think Tanks, and Public Policy[M]. London：Frank Coas, 1996.

[34] Diane Stone. The group of 20 transnational policy community：governance networks, policy analysis and think tanks [J]. International Review of Administrative Sciences, 2015, 81(4)：793－811.

[35] Ogden Suzanne, Inklings of Democracy in China[M]. Cambridge and London：Havard University Press, 2002.

[36] Christina Boswell. The political functions of expert knowledge：knowledge and legitimation in European Union immigration policy [J]. Journal of European Public Policy, 2008, 15(4)：471－488.

[37] Andrew Denham, Mark Garnett. British Think Tanks and the Climate of Opinion [M]. Calif：UCL Press, 1998.

[38] James A Smith. The Idea Brokers：Think Tanks and the Rise of the New Policy Elite[M]. New York：New York Free Press, 1993.

[39] Martin Thunert. Think Tanks in Germany：Their Resource, Strategies and Potential[J]. Humanities, Social Sciences and Law, 2008, 1(1)：32－52.

[40] Peter Kelley. Think Tanks Fall between Pure Research and lobbying [M]. Houston：Houston Chronicle, 1988.

[41] Wiarda Howard. Think Tanks and Foreign Policy：the Foreign Policy Research Institute and presidential politics [M]. Lexington：Lexington Books, 2010.

[42] Tim Hames, R Feasey. Anglo-American Think Tanks under Reagan and Thatcher[M]. Manchester：Manchester Unicersity Press, 1994.

[43] Andrew Rich. Think Tanks, Pubilic Policy, and the Politics of

Expertise[M]. Cambridge：Cambridge University Press，2004.

[44] Simon James. The Idea Brokers：The impact of Think Tanks on British Government[J]. Public Administration，1993，71(4)：491－506.